닮집에서 시작된 잔잔한 울림

가르침의 길

담집에서 시작된 잔잔한 울림

가르침의 길

이동권 지음

포이즌

출판을 축하드리며

우리가 태어나 자라고 오늘에 있음이 하나같이 어버이의 은덕이 아닌 것이 어디 있겠습니까! 우리는 모두 부모님의 일방적이고 조건 없는 사랑과 헌신, 은혜에 힘입어 각자의 자리를 지키고 있는 것입니다. 권세와 부를 자랑하는 사람도 모두 부모님의 정성 어린 사랑으로 현재 자신의 위치가 되었다 해도 과언이 아닐 것입니다. 그러하기에 부모님은 사랑의 화신化身이요, 사랑의 총화總和라고 할 수 있습니다.

이동권 교장선생님의 부모님께서는 시대적 상황으로 모진 역경을 이겨내시며, 오직 자식 사랑이라는 일념으로 이동의 교육장님을 비롯한 주위에 보기 드문 자녀 7남매분들을 훌륭하게 키워 성공시킨 모범적인 가정으로 널리 알려져 있습니다. 또한 여기에는 부모님의 뜻을 잘 받들어 남들이 부러워하는 좋은 자리에서 일할 수 있는 7남매의 뛰어난 능력과 성실함이 있었기 때문에 더욱 값진 일이라 생각됩니다.

이동권 교장선생님!『담집에서 시작된 잔잔한 울림』출판을 진심으로 경하敬賀드립니다.

이동권 교장선생님 부모님께서는 어렵고 암울했던 일제강점기를 겪으시며 성장하셨습니다. 그 후 6·25 전쟁으로 아버님께서는 사선을 넘나드는 전선에서 생명을 보존하시어, 어머님과 함께 그 어려운 살림 가운데서도 7남매 자녀분들을 남들이 부러워하는 훌륭한 인물로 키워 주셨습니다. 또한 부모님 생존 시에는 이동의 교육장님을 비롯한 수옥壽玉 가족들 모두가 부모님의 뜻을 잘 받들어 모셔서 주변 사람들의 칭송이 자자하였습니다. 그렇게 살아오신 소중한 가족의 생활사를 책으로 펴내시는 이동권 교장선생님께 존경과 감사를 드립니다.

　　요즘, 자식이 부모를 학대하거나 구타하는 일은 이제 특별한 소식이 아닌 것처럼 여겨질 정도로 우리의 부모와 자식 간의 관계가 사회적 문제로 대두되고 있는 것이 서글픈 현실입니다. 이러한 시점에서 이 책의 1부 '부모님 삶의 흔적'은 자식에 대한 부모님의 뜨거운 사랑과 진정한 효가 무엇인가를 느낄 수 있는 생생하고도 진솔한 내용으로, 독자들에게 깊은 감동과 감화를 주리라 생각합니다.

　　또한 2부 '가슴에 담고 싶은 교단 일기'에서는 그간 40여 년의 교단생활에서 경험한 진솔한 이야기와 교육에 대한 메시지가 담겨 있어 독자들에게 충분히 잔잔한 감동을 주는 이야기입니다. 그리고 3부 '마라톤과 나의 인생'에서는 앞으로 백세 시대에 대비한 건강한 생활과 노후생활을 설계하며 자기관리 측면에서 새로운 출발을 다짐하는 독자들에게 많은 공감을 주리라 믿어 의심치

않습니다.

　이 책의 출간은 이동권 교장선생님 가족은 물론 여러독자분들이 후세에 길이 보존할 가치가 있는 매우 소중하고 진솔한 기록물이 될 것이며, 바쁜 일상 가운데서도 옥고를 준비하여 훌륭한 책을 발간하여 주신 이동권 교장선생님과 수옥 가족 여러분들의 노고에 감사를 드립니다.

　저는 어린 시절에 이동권 선생님 홍동 고향 집과 멀지 않은 곳에 살았기에 선생님의 가정에 대해서 잘 알고 지내왔습니다. 제 어머니께서도 보따리 장사를 하시며 저를 키워주셨기에, 이 글을 읽으면서 마치 나의 어린 시절 어머니께서 너무나 고생하시는 모습을 그대로 그린 것 같아 눈시울을 여러 번 적셨습니다.

　두 분 어머님께서는 살아 계실 때, 자식 교육으로 어려움을 겪으시면서도 서로를 위로하며 지내셨다고 저희 어머니께서 자주 말씀하셨습니다. 어쩌다 시장에서 두 분이 마주치시면 "병학이 갖다 주라."고 하시며 생선 몇 마리를 주셨다고 들었습니다. 늘 고마운 마음을 간직하면서도 살아 계실 때 인사도 제대로 드리지 못하여 늘 송구스러운 마음을 갖고 살아가고 있습니다.

　어버이의 헌신과 희생은 이 세상의 어느 것과도 비할 수 없을 것이며, 그 은덕은 아무리 찬양해도 모자랄 것입니다.

이병학_충남 인성교육원장, 전 예산교육장

여는 글

동서고금 막론하고 자식을 잘 키우기 위해 헌신적인 사랑으로 평생을 고생하시다가 일생을 마감하는 것이 대부분의 부모의 인생역정人生歷程이라는 생각이 든다.

특히 우리 부모님께서 살던 시절은 더욱 고생스런 길이었다. 일제강점기를 겪었으며 피할 수 없는 6·25 전쟁 시절에 신혼생활이 시작되었다. 아버님께서는 6·25 전쟁 참전 용사로, 사선死線을 넘는 전투에서 천운이 내려 살아남으셨고, 어머님께서는 혹독한 가난을 이겨가며 자식 교육을 위해 평생을 굶주림과 함께 채소전 벌에서 질곡桎梏된 삶을 살아가면서 7남매를 훌륭하게 키워내셨다. 그 은덕으로 자식들은 남들이 부러워하는 직장에 근무하기도 하고, 또는 명예롭게 정년을 맞이하여 단란한 가정을 가지고 행복한 생활을 하고 있다. 이러한 어머님과 아버님의 크신 사랑과 은혜가 나이가 들어감에 따라 더욱 가슴에 와 닿아, 부모님에 대한 그리움이 더하여진다.

세월이 흐름에 따라 부모님의 숭고한 삶의 값진 궤적들이 사라져가는 것이 너무나 아쉽고 안타까워 잊혀져가는 기억들을 반추하고 형제자매들의 이야기를 듣고, 웃어른들에게 여쭙고 고증을 받아 돌아가신 부모님의 생활사를 엮어내는 것이 자식 된 도리인 동시에 의무감으로 다가왔다. 부모님의 영향이 계속되는 울림으로 다가와 평생을 가슴에만 담아오다 서투른 필력으로 1부에서는 주로 부모님의 애절한 사연들을 담아보았다.

    2부에서는 40여 년 동안 교직에 몸을 담아오면서 겪은 이야기들이다. 갖은 사연들이 파노라마처럼 스쳐 지나간다. 그중 잔잔한 감동과 울림이 있는 사연들을 남겨보았다. 그간 걸어온 뒷모습을 더듬어보면서 성찰하는 시간이 된 것이 큰 의미로 다가온다. 현재 교육현장의 실태와 교직이 어렵다는 이유를 생각해보고, 조금이나마 해결의 실마리를 찾아보고픈 마음으로 부족하지만 메시지를 담아보려고 고민하였다.

    3부는 달리기에 관한 이야기다. 20여 년을 아침 운동으로 조깅을 계속해오다 지인의 소개로 달리기를 시작하게 되었다. 그간 나의 몸소 체험 상으로 "최고의 보약은 달리기이다."라고 해도 과언이 아닐 듯싶다. 달리기를 통해 신체는 물론 정신적으로도 많은 변화를 얻었다. 마라톤을 하고 나면 계속되는 감동과 울림이 있어 그에 관한 참가 후기를 관련 홈페이지에 게재했는데, 그때 표현하였던 자료들을 꺼내 놓았다.

    덜 익고 어설픈 생각으로 평범하고 사소한 이야깃거리를 가슴속에 꼭꼭 감춰 놓느냐, 아니면 세상 밖으로 나타내느냐를 많은 시간 고민했다. 그러다가 이 책을 즐겁게 읽을 누군가를 위해 도전하기로 용기를 내어 보았다. 글짓기도 여러 단계가 있듯이 초보 수준으로 참가상에 도전한다는 마음으로 편하게 읽어내려갈 수 있도록 흉내 내보았다. 특히 부모님 삶에 대해 쓴 글은 혀와 붓으로 쓰는 것이 아니라 가슴으로 쓰는 것이라 생각되어 진솔한 마음으로 써내려갔다.

끝으로 이 글이 세상에 나올 수 있을 때까지 많은 도움을 주신 우리 수옥 가족과 이병학 원장님, 이수환 교장선생님, 이병미 교장선생님께도 지면을 통해 고맙다는 인사를 드리며, 편집을 아름답게 디자인해주신 출판사 포이즌 주혜숙 대표님을 비롯한 관계자분들에게도 감사를 드립니다. 그리고 부족한 글을 읽어주시는 독자 여러분에게도 진심으로 감사의 말씀을 올립니다.

1부
부모님 삶의 흔적

014 부모님께 드리는 헌시(獻詩)
015 토담집
019 어머니의 야학(夜學)
022 가마 타고 시집가네
024 어머니 두 개의 짐
030 지성이면 감천
034 삼베 길쌈하기
038 별을 헤는 밤에
041 독사에 물리다
043 봉급날의 통곡
049 자식을 가슴에 묻고
052 잔잔한 울림
056 우리 아비 병대 갔어요!
061 군대둥이
064 당산(堂山)에 얽힌 사연들
068 대빗자루 소리

071 아버님의 숨결
073 오매불망
078 한 여자의 일생
083 딸이 더 좋아
086 오늘따라 엄마를 그리며
088 외할머니의 꿈
089 어머님이 날 두 번 낳으시다
094 수옥(壽玉) 장학회
098 아버지의 소중한 유산
100 워낭소리
101 하나님 사랑
104 천사 같은 우리 장모님
108 장모님과 인터뷰
112 어느 부모의 희생과
    아름다운 삶을 다시 한 번
    생각하며

차례

2부
가슴에 담고 싶은 교단 일기

- 116 선생님! 나두 피나유
- 120 열정의 촛불을 켜다
- 124 학교 가기가 정말 무서워요
- 133 기준을 지키며 선을 넘지 말아야 할 교육현장
- 139 선생님! 애들 뭐 봤어유
- 145 4월은 잔인한 달
- 149 드론 축제장에서 행운을
- 153 생신날 진짓상
- 157 등굣길의 천태만상
- 158 이곳이 바로 천국이다
- 165 초등학교 시절 추억에 젖다

3부
마라톤과 나의 인생

- 176 같이해서 멀리 갈 수 있었다
- 181 환갑 나이에 또 한 번의 도전
- 188 3형제의 아름다운 약속
- 193 앗! 교통사고다
- 198 백세 시대 거북이처럼 달리자

1부

부모님 삶의 흔적

부모님께 드리는 헌시 獻詩

한국전쟁 총성 오가는 소리 가슴 조이는 신혼 시절
청솔가지로 방 데우며 큰아들 부여안고
눈물로 지새운 밤

끼니 거르며 당산 밭을 일구니 평원 되고
해어진 지게 목발 지고 한숨 짓고 오르던 진도 고갯길
당신의 아픔, 자식 걱정되어 몸짓 한 번 못 피셨네!

이른 아침 찬바람 가르며 미나리꽝, 열무, 양파 이고 지고 달린
30여 년 채소전벌이 오로지 자식 교육의 꿈

숭고한 임의 사랑이 승화되어 가르침을 본받아
7남매는 보람되고 우애 있게 살아가네!

선영 명당 터에 자리하니 모든 근심 걱정 잊으시고
도솔천에 극락왕생하옵소서!

토담집

어릴 적 살던 고향은 생각만 해도 늘 그립고 정겹다.

봄이면 당산堂山에 연분홍색으로 곱게 물든 진달래꽃이 만발하고 집 울타리에는 능수버들처럼 늘어진 개나리꽃이 그늘을 만들고 있으며, 아지랑이가 아른아른 피어오르는 산모랭이('산모롱이'의 충청 방언)에서는 종달새가 울어대며, 은은하게 숨어드는 아카시아 향이 코끝을 찌른다. 여름철이면 툼벙(작은 연못)에서 멱(수영)을 감아가며 얼멩이('그물'의 방언)로 잡은 미꾸라지와 붕어로 어죽을 끓여 먹고, 밤이면 반짝이는 반딧불을 벗 삼아 온 가족이 밀대방석에 둘러앉아 오손도손 이야기꽃을 피웠다.

들녘에 벼가 누렇게 익어가는 늦가을 논둑에서 메뚜기를 잡아 구워 먹고 놀던 생각과 소나무 잎이 서리에 맞아 누런 솔 걸로 변해 우수수 떨어지던 풍경이 아름다웠다. 집앞 나지막한 진도 고갯길에 비닐 비료포대가 눈썰매가 되고, 물이 든 논마다 얼음판이 되어 해가 가는 줄도 모르고 저녁 늦게까지 친구와 동생들과 함께 신나게 놀았던 고향이다.

어느 여행 작가는 세상에서 제일 아름다운 곳은 '고향'이라고 했다. 야생동물인 여우도 죽을 때는 자기가 태어난 곳으로 머리를 두고 죽는다고 하니, 사람인들 나이가 들어감에 따라 고향이 그리워지는 것은 당연지사일 것이다.

당산의 나지막한 산줄기 끝자락에 한폭의 수채화에서나 볼 수 있는 그림 같은 우리 집이 자리잡고 있다. 우리 집 대문은 싸리문이고 울타리는 솔가지로 되어 있고 집 뒷부분에는 토담으로 이루어진 안방, 윗방, 골방으로 되어 있는 조그마한 초가집이다.

한겨울 아침에 찬물로 세수를 하고 쇠 문고리를 잡으면 쩍쩍 얼어붙을 정도로 추운 날씨에는 방에 있던 물이 얼고 요강에 있는 오줌도 어는 경우가 있었다. 온돌 구들장이 잘못되었거나 굴이질(구들장 밑 청소)을 안 해서 인지 눅눅한 저기압 상태의 날씨 때 청솔가지나 젖은 땔감으로 군불을 지피거나 밥을 지으면, 매캐한 연기가 역류('굴 낸다'로 표현)하여 어머니와 누님께서 눈물로 뒤범벅되어가며 밥을 지으시던 생각이 난다.

집 둘레가 온통 황토 흙으로 되어 있어 비만 오면 붉은 토사가 밀려들어 질퍽질퍽한 마당에다 신발과 옷이 황토색으로 변한다. 어머니는 "빨래를 아무리 빨아도 빛깔이 안 난다."라고 자주 말씀하셨다.

"얘가 담집 얘야."

"담집 아들 왔니."

"담집 아줌마 왔슈."

우리 부모님과 형제자매들은 위와 같은 소리를 좋든 싫든 간에 자주 듣고 생활했다. 그러나 지금 와 생각하니 담집이란 너무 가난한 살림에 나무 기둥이나 연목 하나 구입할 수 없어서 목수가 아닌 집주인이 직접 흙담으로 지은 집으로서 가난한 삶의 애환이 담겨있는 집의 대명사다. 우리 동네 돌팍 뫼石山 마을에 50여 가구가 살고 있었지만, 담집은 당산에서 사는 중호(실명)네 집과 우리 집뿐이었다. 그 당시 GNP가 100달러도 안 되는 경제 상황이라 누구네 집 할 것 없이 가난하게 살고 있었으나 대부분 담집이 아닌 초가집이었고 기와집은 서너 집 밖에 없었다.

  우리 부모님은 큰아버지 댁 골방에서 신혼생활을 시작하여 형님과 누님을 낳고 지금의 담집으로 제금('분가하다'의 방언) 나 우리 5남매를 낳고 기르면서 담집에서 계속 생활하셨다. 제금 날 때 남이 살던 담집에, 산등성이 밭 200평에 멍에배미('소 멍에' 처럼 구부러진 모양이라 붙은 이름)논 두 마지기를 주셔서 분가하셨다고 한다. 그러나 멍에배미 논도 해방 직후 대지주들의 토지분배정책 일환으로 국가에 농사지은 벼를 5년간 전량 상환해야만 소유권 이전이 되었다고 한다. 그렇다고 큰아버지 댁도 크게 부자로 사는 집이 아니었다. 형님이 고등학교 졸업할 때까지 2평 남짓한 골방에서 형제자매들이 서로 부대끼며 생활하며 어린 시절 보냈다.

  이런 담집을 아버지께서 평생을 살아가며 한 군데 한 군데 고치고 새로 짓기 시작하여 골방을 합쳐 방 두 개를 만들고 새로 지은 아랫방 두 개, 사랑채에 건넌방까지 만들어 여러 자식이 공부도 하고 생활할 수 있도록 보금자리를 만들어주셨다. 지금은 자연을 생각하는 많은 사람이 황토집을 짓고 황토밭에서 생산된 농산물들을 구입하려고 노력하는 것을 보면 우리 집이 좋은 집터와 황토 흙으로 되어 있어 명당 터였음에 틀림이 없다.

오래전 아버지께서 갑작스럽게 돌아가셔서 집에서 초상을 치렀는데 많은 조문객이 풍수지리학적으로 잘은 모르는 분들이지만 "이 선생님 댁 집터 좋던데."라고 하는 분들이 많았다. 지금은 토담집 자리에 큰형님께서 스위스 알프스 계곡에서 볼 수 있을 정도로 아름답고 멋진 전원주택을 지어놓아 전원주택을 지으려고 하는 사람들이 사전 답사하는 주택으로 변하였다.

부모님께서는 신혼시절부터 가난하게 생활하시면서 큰 질병 없이 생활하셨고, 우리 7남매들이 토담집에서 흙냄새 맡으며 성장하여, 지금은 각 가정을 가지고 건강하게 행복한 삶을 영위해나가고 있는 것을 보아 자자손손 번창할 것으로 확신한다.

어머니의 야학 夜學

"옥순아(어머니의 성함, 兪玉順) 저녁 먹고 아래 작은 댁에 가 있어."
외할머니는 딸이 야학 가는 날이면 그 사실을 몰래 숨긴다. 어머니는 선생님을 보고 싶고 친구들과 어울려 공부하는 하는 것이 너무 그립고 좋아서 작은 댁으로 달렸다. 일주일에 두 번 정도 국문(한글)과 산술(수학)을 야학당에 가서 배우는 것이지만 외할아버지 완고한 반대로 야학에 가는 것이 그리 쉬운 일이 아니었다.

　　외할아버지는 한학을 공부하고 동네 사람들 사주팔자, 택일, 작명, 못자리 등을 봐주셨으며 외부 출입 시에는 갓을 쓰고 다니셨던 분으로 보수적이며 봉건주의 사상이 매우 깊은 분이었다. 외할아버지께서 말끝마다 "계집애가 학교에 다니면 콧바람이 들어가 바람난다." 하며 1남 3녀 중 외삼촌만 초등학교에 보내고 딸들은 학교를 보낼 생각을 안 하셨다.

　　반면 외할머니께서는 지고지순한 분이시기에 지아비에 대한 순종과 헌신적으로 고된 시집살이와 농사일과 자식들 뒷바라지를 해가며 평생을 살아가셨다. 그 와중에 딸들도 앞으로 살아가려면 국문은 알아야 한다고 생각하여 지아비 몰래 10살 된 막내딸의 손을 잡고 산을 넘어 5리쯤 되는 야학당으로 달렸다. 한밤중에 공부가 끝나고 집에 몰래 숨어들어 올 때는 삐꺼덕삐꺼덕 대문 소리가 나는 것이 두려워 울타리에 개구멍을 내놓고 그곳으로 드나들었다고 한다.

그 시절은 1930년 후반기 일제강점기였고, 식민교육정책 일환인 조선어 말살정책으로 순사들의 감시와 탄압이 있어, 한글을 배우기에는 시대적으로 그리 쉽지는 않은 환경이었다.

그렇지만 홍성읍 송월리 부락에 사시는 故최은섭 선생님은 투철한 국가관에 글이라도 알아야 나라가 살아남을 수 있다는 일념으로 야학에서 국문과 셈을 가르치셨다. 일제강점기 시절 교육에 대한 사명감과 열정이 있었기에 어머니는 국문과 셈을 배우실 수 있었다.

야학당이라야 세 평 남짓한 사랑방이었다. 돗자리가 깔린 방 바닥에서 6~7명 되는 학동들이 책상도 없이 등잔 불빛을 밝히며 국문과 구구단 및 셈하기를 열심히 배웠다. 어머니께서는 어린 시절 그 선생님이 계셨기에 지금 한글을 안다고 하시며 故최은섭 선생님에 대한 고마움을 표시하는 말씀을 자주 하셨다. 홍성 장날에 뵈면 반갑게 인사 올리며 가끔 약주를 대접하셨다고 한다.

어머니께서 외할아버지의 강력한 만류에도 불구하고 외할머니 도움으로 국문과 셈을 2년 동안에 1년은 결석하면서 배운 것을 야학을 딱 이틀밖에 다니지 못한 작은언니를 가르쳤다고 한다. 작은 언니(이모님, 경기 오산에서 97세 생존)께서 동생이 야학 다닐 때

'유똑똑이'로 불릴 정도로 머리가 명석하고 선생님의 총애를 많이 받았으며 같이 배우는 언니 동생들을 가르쳤다고 하시며 옛날 생각에 젖어 눈물을 글썽이며 말문을 잇지 못하신다.

故최은섭 선생님의 손자 말에 의하면 얼마 전까지도 옛날 배웠던 80세가 넘은 제자분이 명절 때면 가끔 찾아와 없어진 사랑채 야학당 자리를 회상하며 스승에 대한 공덕과 업적을 기리고 가신다고 한다.

"저희 할아버지께서 어려운 시기에 남몰래 운영한 야학당이 얼마나 가치 있고 보람된 일인지요. 또한 제자 사랑이 남달라 후손들에게 지금도 잔잔한 감동을 주고 있습니다."

자료에 의하면 일제강점기 1930년 후반에서 1940년대 초반 학령아 입학률이 5%의 미만인 것을 보면 식민교육정책의 탄압이 얼마나 심했는지 알 수 있다. 특히 일본어를 국어로 삼고 우리 한글은 조선어라는 이름 아래 제2국어로 전락당하는 수모를 겪으면서 얼마나 탄압을 받았나를 실증적으로 보여준다.

암울한 시기에 어머니 은사님이신 최은섭 선생님께서 선구자로서 남다른 한글 사랑과 숭고한 정신으로 어머니의 앞길에 광명을 밝혀주셨다. 이처럼 나라를 지켜준 작은 촛불은 계속 숭고한 정신을 이어 타오를 것이다.

가마 타고 시집가네

19살의 총각과 18살의 처녀가 풋풋한 사랑 한 번 해보지 못하고 얼굴도 보지 못한 채 부모님이 맺어준 인연과 어쩔 수 없이 백년가약을 맺는다.

결혼이 무엇인가?

시집살이가 무엇인가?

사랑이 무엇인가?

고민할 기회도 시간도 없이 어느 늦가을 시집 장가가는 날짜가 잡혔다. 전통혼례에서는 새신랑이 새신붓집에 미리 가서 혼례의식을 갖춘 다음 하루 저녁을 처가에서 기거하기 때문에 장가를 간다고 한다.

그런 과정도 생략되고 혼삿날이 되어 친정에서 마련한 가마를 타고 시집가는 길에 나선다. 혼자 거닐 수 있는 오솔길 좁다란 사승고개를 넘고 죽전 동네 시냇물을 건너자, 가마를 멘 두 분이 (같은 동네 故김병수 씨, 故주영돈 씨) 새댁과 몇 살 차이가 나지 않은 터라 가다 말고 새댁에게 장난삼아 농담을 걸어왔다.

"새댁~ 가마가 너무 무거워 더 이상 갈 수가 없으니 가마 속에 있는 요강을 머리에 이어보지요? 그러면 가마가 훨씬 가벼워 쉽게 갈 것 같소!"

순진한 새댁은 요강을 한참 동안 머리에 이고 갔다고 한다. 가마 뒤에는 이불 짐에 장롱 등을 지게에 지고 신행 행렬이 뒤따랐다고 한다.

어머니께서는 시집올 때 가마를 메신 분이 아무개라며 종종 감사와 은혜에 대하여 추억을 되살려가며 말씀한 것이 아련한 추억 속의 결혼담으로 지금까지 기억되고 있다. 알고 보니 그중 한 분의 아들이 초등학교 때부터 여지까지 우정을 깊게 나누는 나의 친한 친구다. 그 후 아이러니하게도 이 친구가 아버지와 어머니께서 돌아가셨을 때 두 번 모두 꽃상여 요량잡이(상여소리꾼)를 했다. 공교롭게도 시집오실 때 가마를 메고, 돌아가셔서 마지막 가시는 길에 상여를 메준 분이 바로 부자父子지간으로, 아주 특별한 인연이다.

어머니 두 개의 짐

우리 어머니는 평생 동안 두 개의 무거운 짐을 가슴에 안고 머리에 지고 살아가셨다. 그 하나는 가난을 이겨내기 위한 짐이고, 또 하나는 자식들을 잘 키우기 위해 공부시켜야 하는 짐이었다. 허기진 배를 움켜쥐고, 늘 무거운 장사 보따리 무게에 짓눌려 어머니 머리밑은 빠지고, 머리카락은 머리에 인 물건의 무게 방향으로 흩어져 있었다. 허리가 끊어질 정도의 아픔과 고통을 감내해가며 혹독한 가난을 이겨내면서, 그것이 당신에게 주어진 길이라고 생각하며, 오로지 우리 7남매를 위해서 그 무거운 짐을 이고 지고 평생을 지내오셨다.

    어머니는 반평생을 채소 장사로 전전긍긍하셨다. 채소 장사를 안 하셨다면 우리 7남매는 어머니 말씀대로 남의 집 머슴과 식모살이로 살아갔을 것이 불 보듯 뻔한 일이다. 어머니께서 그토록 고생을 하신 덕에 어렵던 우리 집 가세는 어느 정도 해결되고 어머니의 큰 희생 덕택에 우리 7남매는 미래에 대한 꿈과 희망 또한 성공의 끈을 놓지 않고 견뎌냈다고 생각한다.

    내 나이 12살 초등학교 5학년 때 어머니 연세 37세부터 채소

전에서 어머니의 고달픈 세월이 시작된다.

어머니께서 채소 장사를 시작하신 사연은 이러하다. 많은 어린 자식들을 지켜보면서 몇 년을 두고 고민 끝에 내린 중대한 결단으로 집에서 가꾼 열무 보따리를 머리에 이고 10리쯤 되는 자갈이 깔린 신작로를 걸어서 홍성 5일장에 처음으로 간 날이었다. 난생처음으로 용기를 내어 가셨으니, 얼굴이 화끈거리고 어색하여 불편한 자리임에 틀림 없었을 것이다. 간신히 빈자리를 물색하여 전展을 펼치기도 전에 친정 동네에 사는 희갑이네 아저씨가 보이는 순간 너무 부끄럽기도 하고 창피하기도 하여 유료 공중화장실에 몸을 숨겼다고 한다.

어머니 마음속에는 부끄럽고 창피한 생각도 들었지만, '그래 가난을 이겨내고 자식들을 잘 가르치기 위해서는 나쁜 짓과 도둑질을 안 하면 되지.'라는 생각으로 마음을 쉽게 바꾸어 먹고 채소 전 벌로 발길을 옮겨야만 했다.

장사의 시작은 그렇게 쉽지만은 않았다. 정말로 혹독한, 전쟁 아닌 전쟁 같은 나날이라고도 해도 과언이 아니었다. 이른 아침 동네 이웃집을 찾아다니며 부끄러움을 무릅쓰고 안 떨어지는 목소리로 "된장, 간장, 고추장, 장아찌를 팔지유?" 하며 물건들을 사서 팔아야 했고, 눈이 발목까지 쌓이고 매서운 칼바람이 부는 추운 겨울 날씨 속에서도 무와 배추를 이고 지고 아침밥도 거른 채 시장 벌로 달려야만 했다.

이른 봄이면 걸어서 30분쯤 되는 곳에 있는 상국 씨 댁이 미나리꽝에서 살얼음을 헤쳐가며 미나리를 베어 아버지와 함께 손수레로 끌고 밀어가며 홍성 장에 가서 팔면 날개 돋친 듯이 잘 팔렸다. 점심도 거른 채 하루에 세 번 왕복을 하면 속옷이 땀으로 뒤범벅되고 발에 물집이 생겼지만, 아픔도 참아가며 시장 벌로 달려야 했다.

어릴 적 바로 밑의 동생이 부모님을 도와드리려고 같이 따라나섰던 일이 있다. 아버지께서 수란리 왕지(우리 집에서 10리 길)까지 가서 콩밭열무를 가득 실은 손수레가 비탈진 암소고개 내리막 길을 멈추지 못해 500~600m 정도를 내달리는 바람에 정말 큰 사고로 이어질 뻔한 적이 있었다고 한다. 어머니께서는 소화력이 약해 소식하시는 분인데, 그 작은 배 하나 채우지 못하시고 이른 새벽부터 날마다 채소전에 나가셨다.

"엄마, 아침 식사나 잡수시고 시장에 나가셔요?"

"아침 일찍 나가야 좋은 물건을 살 수 있다."

아침 식사도 못하시고 나가시는 어머니께 말씀드려도 막무가내로 좋은 물건을 받기 위해 항상 서두르시곤 하셨다. 지금도 그런 생각을 하면 어머니의 삶이 너무 애처로워 가슴이 뭉클해진다. 장사하시던 어머니 뒷모습을 보면서 놀라지 않을 수 없는 광경을 종종 보았다. 시장에서 초주검이 된 몸으로 돌아온 어머니는 저녁 식사도 하시기 전에 차고 오신 전대纏帶 속의 돈을 풀어놓았다. 그렇게 낙엽처럼 수북이 쌓여 있는 동전과 함께 지전을 세는 모습을 자주 보며 자랐다.

이렇게 번 돈이 바로 우리 남매가 학업에 정진하고 꿈을 실현하는 데 큰 몫을 한 값진 금은보화임에 틀림이 없다.

장사를 처음 시작할 무렵에는 홍성장(1일, 6일) 장날에만 아버지께서 수확한 농산물을 파시던 것을 동네에서 무·양파·마늘·열무 등을 사서 보따리 보따리로 포장하여 장항선을 타고 광천장(4일, 9일), 삽다리장(2일, 7일), 예산장(5일, 10일)에 팔고 다니셨다. 그 무거운 짐 보따리를 가지고 기차에 몸을 실은 채 먼 곳까지 찾아다니시며 채소 장사를 하신 것을 생각하면 "여자는 약하나 어머니는 강하다."라는 글귀가 더욱 가슴에 와닿는다.

시간이 흘러 홍성읍에 상설 시장이 생겼다. 어머니는 2평 정도 되는 터를 분양받아 여러 가지 채소를 도매상에서 받아 소매로 파는 장사를 계속하셨다. 지금도 고향에 내려가면 가끔은 오랫동안 지키시던 채소전 벌을 배회하며 그때의 어머님을 회상해보곤 한다. 어머니는 성품이 올곧고 사리 분별이 뚜렷하고 아무리 어려워도 내색하지 않으며 밝은 표정으로 장사를 하셨다. 그 환한 웃음과 긍정적인 마음속에는 어머니께서 간절하게 그리던 두 개의 꿈이 숨어 있었을 것이다.

어머니는 정도 많으며 인심이 좋아 손님들에게 막 퍼주시는 성격이라 단골손님도 많고, 다른 사람보다 물건을 일찍 파는 경우가 많았다. 내가 천안에 올라오기 전 18년간 고향 홍성에서 교직 생활을 하는 동안 어머니께서는 아들과 같은 학교에서 근무하는 동료 여선생님들을 보면 반갑게 인사를 나누며 자식의 안부를 물어가며 저녁 반찬거리를 주셨다고 한다. 그 여선생님들께서 출근 길에 나를 만나면 "이 선생 어머니가 채소를 공짜로 많이 주셔서 저녁 반찬으로 맛있게 잘 먹었네." 하며 나에게 대신 감사의 인사를 전하곤 했다. 형님도 교직 생활을 하는 동안 후덕한 마음과 나눔을 생활화하신 어머니의 뒷이야기를 자주 들었다고 한다.

또한 자식들이 상급학교에 진학했거나, 취직하거나, 집안 경사가 있으면 지인과 주변 상인들에게 떡과 튀김닭 등 먹거리를 푸짐하게 돌리셔서 인심 좋은 선생 어머니로 통했다.

70세가 넘어서 장사가 하시기 어려운 연세에 형님을 비롯한 많은 자식이 이제는 돈 들어갈 일이 별로 없으니 어머니께 장사하는 것을 자주 만류했다. 그러나 몸이 아프지 않고서는 낮잠도 주무시지 않는 강한 생활력을 가진 어머니는 당신의 일상을 꾸준히 계속하셨다. 어머니께서는 자식들의 배움에 대한 간절한 꿈이 있었기에 자기를 이겨내셨고, 시련과 혹독한 가난을 이겨낼 수 있는 용기와 힘은 그 지극한 사랑에서 나왔다.

가난과 자식들 교육열의 짐을 벗기 위해 젊어서부터 피나는 고생의 흔적만 남아 인생 말년에는 골다공증과 허리의 아픔과 질병으로 노후를 보내야만 했다. 그러나 그 아픔의 흔적은 헛되지 않았다. 어머니께서 갈망하고 꿈꾸었던 것처럼, 6남매를 성공적으로 대학교육까지 마치게 하고 편안한 삶을 살아가도록 하셨네요!

당신의 그 아름다운 희생과 고생이 헛되지 않게 우리 7남매

가슴속에 영원히 자리잡고 있으니 이제는 무거운 짐을 모두 내려놓으시고 편안히 영생 복락하시길 바랍니다.

　　어머니!

　　정말 자랑스럽습니다.

　　존경합니다.

　　그리고 영원히 사랑합니다.

지성이면 감천

어릴 적부터 뒤꼍 장독대 위에 가지런히 추려진 한 주먹의 지푸라기 위에 사기 대접이나 스텐 국그릇에 깨끗한 물 한 대접이 담겨있는 것을 보고 자랐다. 세찬 바람이 불어오는 추운 겨울날 아침, 정화수가 꽁꽁 얼어있는 것도 가끔 보았다. 어머니 아버지께서는 새벽녘에 정갈한 몸과 옷차림에 깨끗한 물을 놓고 천지신명께 정화수를 바치며 발원해 올리셨다.

우리가 시험을 보러 갈 때나, 입학하러 갈 때, 취직 시험을 보러 갈 때, 또한 군 입대하는 날이면 영락없이 이른 새벽부터 두 분께서는 새벽잠을 설치셨다.

"천지신명께 비나이다. 천지신명께 비나이다. 비나이다. 비나이다. 이번 시험에 꼭 합격하게 해주시옵소서!" 하시며 자식들이 입학 시험 볼 때는 발표하는 날까지 날마다 비셨다.

세련됨 없이 간절한 바람만 담은 주술을 반복하며 미신이지만 "믿음의 강도를 10배 높이면 100배의 결과물로 나타난다."는 말처럼 지성이면 감천이라고 하늘도 감복할 만큼 두 분께서는 지극정성으로 비셨다. "같은 말을 만 번을 계속하면 현실로 이루어진다."라는 인디언 속담처럼 두 분의 마음속에 존재하는 하나의 신께 계속 반복해 비셨을 것이다.

당시는 토속신앙이 일상생활에 깊게 자리잡고 있었다. 자식이 태어나면 삼칠일(21일) 동안 새끼줄에 까만 숯덩이와 빨간 고추를 끼어 만든 금禁줄을 싸리문에 걸고 삼신 할매께 젯밥을 올리며 갓난아이가 무사무탈하게 자라길 빌었다. 지금도 이어져오고 있지만, 백일이나 돌잔치 때면 반드시 백설기와 수수팥 단지와 실타래를 놓고 무병장수하도록 간절히 빌었다.

또한 매년 정월 대보름을 전후하여 부정 탄 사람은 출입을 금지해달라는 약속으로 붉은 황토 흙을 싸리문 양쪽에 세 군데씩 놓고 날이 어두워지면 쌀을 절구통에 찧어 만든 시루팥떡을 해놓고 안택(굿)을 하시며 일 년 동안 집안의 모든 액운을 물리치고 무사태평을 비셨다.

안택을 한 이른 아침에 동네어귀 사거리에 지푸라기를 태운 잿더미 옆에는 헌신짝에 동전 몇 개와 몇 조각의 시루떡과 김치 조각들이 까마귀떼의 밥이 되어 쪼아 먹히는 것을 보면서 소름이 오싹 끼쳐 무서움을 느낀 기억이 생생하다. 지금 생각해보니 귀신과 모든 액운을 몰아내기 위하여 자연과 함께 날려 보내기 위한 염원을 담은 굿이 아닌가 싶다. 어머니께서는 미신이 존재하고 있어 염원하는 것이 모두 이루어진다고 강하게 믿었다. 말로 하는 것이 아니라 실행으로 옮기는 것이 진정한 종교라고 생각했다.

과학적으로 근거 없고 타당성이 결여된 믿음이지만 어머니에게는 가정의 안녕과 자식들을 훌륭하게 기르기 위한 강력한 믿음이기에 그 믿음을 이해하고 존중하고 싶다. 이렇게 지극정성으로 비시며 자식들이 건강하게 성장하여 성공적인 삶을 살아가도록 소망하고 가정의 안녕을 기원하는 거룩하신 뜻에 감복하며 부모님의 깊으신 은혜에 감사한 마음이 지금에서야 가슴속 깊이 더 젖어온다.

또한 밥상머리 교육과 일상에서 지켜야 할 도리와 예의범절에 대한 말씀을 입이 닳도록 자주 하셨다.

어른이 들어오시면 일어나서 인사를 올려야 한다.
어른들 앞에서 발을 뻗고 있는 것이 아니다.
어른들보다 수저를 먼저 드는 것이 아니고 맛있는 음식은 어른들에게 먼저 드리는 것이다.
어른들 앞을 가로질러서 가는 것은 웃어른에 대한 예의가 어긋나는 것이다.
콩 한 쪽도 형제지간에 나누어 먹어야 한다.
형제지간에 싸우면 안 되고 우애 있게 지내야 한다.
남의 물건에 손을 대면 절대로 안 되며 바늘 도둑이 소 도둑이 되는 것이다. 평생을 부끄럼 없이 정직하게 살아가야 한다.
문지방을 넘어가면 안 된다.
밤중에 손톱, 발톱을 깎으면 안 된다.
생쌀을 먹으면 엄마 죽는다.

자식들에게 귀가 따갑도록 반복하며 행동으로 옮기게 하셨다. 이런 말씀들이 자식들을 예의 바르고 인성이 바르게 성장시키기 위한 가르침의 나침반이 되었다.

　어머니께서는 어릴 적부터 친정집의 영향으로 불교에 심취하셨다. 50세 후반부터 병석에 눕기 전까지 믿음이 깊어 청광사(홍성 구항면 청광리 소재)에서 총무직을 맡으시며 불심을 강하게 함은(법명: 大德花) 물론 신도들의 화합과 친목을 도모하는 데 노력하셨으며 헌신적인 봉사활동을 마다하지 않으셨다.

　아침에도 항시 불경 소리와 목탁 소리 함께 경건한 마음으로 하루를 여셨다.

　'관세음보살! 관세음보살! 관세음보살! 나무아미타불!'

　어머니께서는 채소 장사로 돈을 벌기 때문인지, 자식들에게 부담을 주기 싫어서인지, 어머니의 자존심이 허락하지 않았는지 몰라도 자식들에게는 용돈을 먼저 달라고 하신 적이 없다. 그러나 매년 초파일(음 4월 8일) 시기가 되면 자식 집을 방문하여 "연등은 너희들 돈으로 켜야만 너희들 가정에 부처님의 은덕으로 발원 발복하여 앞날에 광명이 비춘다."며 연등값을 받아서 정성껏 밝히셨다. 이렇게 지극정성으로 한 기도와 간절한 소망으로 하늘도 감복하여 우리 7남매의 자손들은 건강하고 행복한 나날을 살아가고 있다.

　어머니! 아버지! 하늘도 감복시킨 지극정성의 은혜 고맙습니다. 그 은덕으로 자식들은 잘 살아가고 있습니다.

삼베 길쌈하기

우리 역사 속에는 마의태자麻衣太子라는 인물이 등장한다. 삼국시대 신라의 마지막 왕인 제56대 경순왕의 아들이 마의태자이다. 경순왕이 신하 김병휴를 시켜 고려에 두 손을 들고 굴욕적인 모습을 보이면서 항복하자, 그 광경을 지켜보다가 나라 잃은 슬픔에 개골산(금강산의 별칭)에 몰래 숨어 들어가 일반 백성들이 즐겨 입던 삼베옷을 입고 초근목피로 생활하면서 신라 부활을 꿈꾸다 결국은 생을 마감하게 되는 역사의 주인공이 바로 마의태자이다. 이러한 역사적 사실을 볼 때 삼국시대 이전부터 삼베가 우리 조상들의 삶 속에 깊숙이 자리 잡고 있었던 것으로 추측된다.

오래전부터 오늘날까지 장례문화에서 사용되는 수의壽衣를 주로 삼베로 사용하고 있다. 직조기술의 발달로 옷감의 종류가 다양하게 많아졌는데도 지금까지 삼베가 수의로 계속 쓰이는 이유는 여러 가지가 있겠지만 항균성과 항독성 강하여 잡균 서식이나 접근을 방지하고 쉽게 분해되어 시신이 황골黃骨로 변하기 때문이라고 한다.

그렇지만 오늘날 삼베가 중국산 제품에 밀리는 데는 재배 과정이 어렵고 삼베 짜기도 너무나 어려운 과정을 거쳐야만 한다는 이유가 있다. 요즘은 삼베를 생산하는 사람이 드물어 전승 차원에서 지역에 따라 삼베 제직 기술자가 무형문화재로 지정될 만큼 희소성 있는 산업으로 자리 잡고 있는 실정이다.*

    대마는 이른 봄에 파종하여 여름철 소서小暑가 지난 후에 수확하게 되는데 삼 찌기, 삼 껍질 벗기기, 삼 째기, 삼 삼기, 베 날기, 베 매기, 베 짜기 등의 여러 공정을 거쳐야만 삼베가 생산된다.

    우리 어린 시절에는 부모님께서 삼베를 직접 생산하는 것을 보고 자랐다. 더운 여름철이 다가올 무렵에는 중굴밭(동네 골 중에 하나)에서 동네 어른들이 모여 베어낸 삼을 찌는 데 한창이다. 커다란 드럼통에서 하얀 수증기가 나도록 푹 삶은 삼을 물에 꺼내 담근 다음 껍질을 벗겨야 하는데, 그 과정이 혼자서는 어려워 품앗이로 이루어졌다. 그때 삼 껍질을 벗겨내면 목질부인 하얀 절읍댕이('삼목질부'의 충청 사투리)가 나오는데 그것을 가지고 동생들과 화살촉을 만들어 놀던 추억들이 지금도 아른거린다.

    학교가 끝나고 눈보라가 세게 몰아치는 진도 고개를 넘어 집으로 한걸음에 내달린다. 그때 어두컴컴한 안방에서 큰어머니를 비롯한 동네 아주머니들이 한 방 가득 모여 앉아 삼을 삼고 계셨다. 삼 째기를 거친 삼을 끝부분끼리 한올 한올 이어가는 과정으로 무릎에 올려놓고 손바닥에 침을 묻혀 두 가닥의 실을 비벼

* http://simjeon.kr/xe/40635

꼬아 기나긴 실(삼실)을 만드는 과정이다. 구부린 무릎 위에 손바닥으로 얼마나 비벼댔는지 무르팍이 살짝만 건드려도 피가 나올 정도로 살갗이 뻘겋게 달아올랐다.

　어머니께서 베틀에 앉아 날실과 씨실 사이로 북을 좌우로 왔다 갔다 왕복하는 동안 바디로 씨실을 내려 잡아당기면 '철격 철격' 하는 소리와 함께 한 필의 삼베가 생산된다. 어머니께서 한 번 베틀에 앉으시면 한나절 동안은 내려오지 않아 잔심부름을 해드려야 했다. 방 안이 건조하면 경사(날실)가 끊어지게 되므로 방문을 닫고 가끔씩 물을 뿌려가며 삼베를 짜셨다.

　이렇게 어려운 베 짜기를 하신 이유는 다른 작물보다 고수익을 올릴 수 있다는 이유도 있었고, 시부모님 수의를 손수 준비하기 위해서였다. 아버지께서도 여름철에 삼베로 만든 속옷과 삼베 바지를 즐겨 입으셨는데 촉감은 꺼칠꺼칠했지만 통풍이 매우 잘 되는 옷으로 보였다.

　우리 어릴 적 대마를 생산하고 난 겨울에는 손꼽아 기다리던 손님이 계셨다. 서울 염창동 아주머니(아버지 내 사촌 형수)께서 모시고 오는 아주머니 한 분이다. 그 아주머니는 옷은 허름하게 입었지만 명랑한 성격에 말수도 많고 주로 큰 소리로 대화를 이끌어갔다. 서울에서 내려오실 적에는 우리가 좋아하던 과자 종합선물 세트와 헌 옷들을 한 보따리 가지고 나타나서 매번 기다렸다.

　이곳까지 오신 이유는 아버지께서 못자리판에 해충제로 사용하려고 모아두었던 대마 잎을 가져가기 위해서인데, 몇 포대 싸

가지고 기분이 좋아라 하며 서울로 급히 올라가곤 하셨다.

    삼베를 생산하려면 신고를 해야 하는데, 지금으로 보면 법적으로 위배되는 대마초 수집상이었던 것으로 보인다. 그러나 그 당시는 지금처럼 단속이 심하지 않아서 아버지께서는 별다른 부담을 느끼지 않으시며 대마초를 무상으로 주셨던 것 같다.

별을 헤는 밤에

깊은 어둠 속에 반짝반짝 빛나는 수많은 별과 달을 보면서 과거로 추억여행을 하기도, 미지의 세계로 떠나는 상상을 하기도 하며, 간절히 원하는 소원을 빌기도 한다. 특히 둥근 달과 반짝이는 별들을 보면 어렸을 때를 동경도 하고 자기 성찰을 하게 되는 것 같다.

추억의 시계를 돌려 1969년 중학교 2학년 7월 여름밤에 미국 아폴로 11호가 지구를 떠나 우주인 암스트롱이 세계 최초로 달에 첫발을 내딛고 사진을 찍고, 성조기를 꽂아가며 시료를 채취하게 되는 순간, 달 속에 숨겨진 옥도끼로 방아를 찧는다는 상상과 달에 대한 동경이 무너지는 날이 되고 말았다.

아쉽게도 요즘은 달과 별을 관찰하는 일이 그리 쉽지만은 않다. 환한 전기 불빛과 대기오염, 오존층의 파괴로 별들이 잘 보이지 않는 세상 속에서 살아가고 있는 안타까운 현실이 되었다.

어릴 적 우리 가족은 날씨가 좋은 여름밤이면 바깥마당에 밀대방석 두 개를 넓게 펴 옹기종기 모여 앉아 반짝이는 별들과 이름 모르는 풀벌레 소리를 들어가며 우리 가족이 나눈 이야기들을 반추反芻하며 과거 속으로 추억 여행을 떠나게 된다.

바깥마당 소 외양간 옆쪽에는 모깃불이 꺼질듯 말듯 타고 있다. 모깃불은 마른 쑥이나 건초를 불쏘시개로 하여 젖은 풀이나 보릿짚과 밀짚 따위를 때우기 때문에 매캐한 연기로 눈 뜨기가 어려울 정도로 코를 찔렀다. 그래서 앉아 있기가 불편한 자리였지만 정겨운 자리임에 틀림이 없었다. 모깃불이 타고 있을 때 그 누군가 일어나 소 외양간이나 돼지 우리가 있는 쪽으로 무엇인가를 이용해 모깃불의 연기 방향을 돌려놓아야 했다.

자식 등록금이나 입학금을 마련하기 위한 우리 집 재산목록 1호가 소, 2호가 돼지였다. 일 년에 송아지 한 마리와 돼지새끼도 두 번씩 여덟 마리나 열 마리를 낳아주어야 학자금을 내는 데 큰 보탬이 되었다.

어느 날 저녁에는 낮에 따다 놓은 잎담배를 밤이 가는 줄도 모르고 엮어야만 했다. 아버지와 누님이 따다 놓은 담배였다. 담배 농사는 농사 중 가장 어려운 농사라고 생각된다. 폭염과 강한 햇볕 아래서 일을 해야 하는 것은 물론 크기가 어른 키만큼이나 크고 잎도 넓어서 담배골 속에 들어가면 바람 한 점 들어오지 않았다. 푹푹 찌는 곳에서 독한 담뱃잎 냄새를 맡으며 따는 것은 고역 중 고역이다. 그래도 담배를 따고 밤새 엮어야만 별다른 수입이 없는 농촌가계에 목돈을 마련하는 좋은 수단이 되었다.

밀대 방석에 가족이 둘러앉아 아버지께서는 6·25 전쟁 시절 사선을 넘는 전투에서 살아남기 위한 절박한 이야기를, 어머니께서는 호랑이 담배 먹던 이야기로 즉석에서 지어낸 옛날이야기를 들려주시곤 했다.

　또 어떤 날 저녁에는 껍질도 까지 않은 채 찐 보리감자를 한 소쿠리 담아 먹어가며 동네 이집저집 애경사와 때로는 어머님의 가르침을 별빛 아래 밀대 방석 위에서 들었다. 북극성과 북두칠성을 비롯한 여러 별자리를 관찰하는 가운데 북두칠성과 그 외의 별자리들은 시간마다 다른 위치에서 보였지만 북쪽에 자리한 길잡이 별 북극성은 변함이 없었다. 우리 부모님의 자식에 대한 애틋한 사랑도 변함없이 늘 그 자리를 지키고 있는 길잡이 북극성 같다고 느끼면서 밤은 깊어만 갔다.

　방에 늦게 들어가는 이유 중 하나는 저녁밥을 지을 때 뜨겁게 달궈진 구들장이 조금이라도 식은 후에 잠자리에 들기 위해서다. 모기가 앵앵거리는 온돌방에서 문도 열지 못한 채 부실한 부채 하나에서 나오는 바람으로 더위를 쫓으며 가족 모두가 살갗을 부대끼며 자던 여름밤이 아련한 추억으로 남아 있다.

　여름밤 늦게까지 수많은 별을 세며 나눈 가족의 이야기는 별처럼 계속 빛날 것이다. 세상에서 가장 아름다운 별은 아직 발견되지 않은 별이라고 하는데, 우리 부모님은 자식들이 아직 발견되지 않은 별이라고 생각하시며 소원을 빌었던 것 같다.

독사에 물리다

어머니께서 생계를 위해 채소전에서 일하시다 집에 돌아오시는 길에 겪은 가슴 아픈 사연이 있다.

남은 물건을 모두 팔아 한 푼이라도 더 벌고 싶은 욕심에서 장이 파하도록 물건을 팔다 보면 막차까지 놓쳐 10리가 넘는 자갈이 깔린 신작로를 혼자 걸어오시는 경우가 많았다. 시장에서 지친 몸이라 금방 주저앉을 정도로 피곤하고 아픈 다리를 알기에 집안 식구 누군가가 어머니 마중을 나갔다.

하루 종일 일하시고 지친 몸으로 아버지께서 마중을 나가셔 어머니의 짐을 받아오기도 하고, 어느 날은 큰형님께서 마중 나가이고 오시던 짐을 이어받아 머리에 이고 가는 뒷모습을 볼 때는 고맙기도 하고 미안하기도 했으나 천군만마千軍萬馬를 얻은 기분이었다고 하셨다.

가장 많이 마중을 나간 분은 누님으로, 밤길이 무섭다고 동생 중 누군가를 데리고 나갔다. 어머니를 만날 때까지 걷다 보면 서낭고개를 넘어 세쌍둥이네 와 깡통집(지붕 함석을 빈 깡통으로 이어 만든 집)을 지나 푯대 떨어지는 곳(철길 건널목)까지 집에서 편도 3km를 나가

짐을 이어받아 발걸음을 같이하곤 했다. 어렵게 돌아오시는 어머니를 조금이라도 즐겁게 해드리기 위하여 "동식이는 산수 100점을 받아오고, 동승이는 전체 반장이 되었어요." 하며 어머니를 기쁘게 해드렸다. 누님은 그 기쁜 소식을 듣고 신바람이 나며 훨씬 어려움을 덜 느끼시는 어머니 표정을 살피며 함께 미소를 지었다.

그런데 어느 늦가을 밤, 상준 어머니와 시장에서 돌아오시는 길에 아찔한 사건이 일어났다. 관절염으로 아픈 다리를 질질 끌다시피 해서 한발 한발 옮기는데 구룡리 산모롱이에서 오른쪽 발바닥에 무엇인가 물컹한 것이 밟히는가 싶더니 "앗! 따가" 하는 소리가 절로 나며 다리가 끊어질 정도로 통증이 왔다고 한다. 깜짝 놀라 무엇에 물렸나 싶어서 살펴보니 뱀이 어둠 속 풀밭으로 쏜살같이 사라져버리고 말았다고 한다. 복사뼈 위쪽 종아리를 뱀에 물린 것이다. 순간 '이대로 머리끝까지 뱀독이 올라가면 어떡하지, 이것으로 죽겠구나!' 하는 생각까지 들었다고 한다.

그때 옆에 계시던 상준 어머니께서 자기 허리띠를 급히 풀어 독이 올라가지 못하도록 허벅지를 꽁꽁 동여매주셨다고 한다. 왁자지껄 소리에 놀란 바로 윗집에 살던 김용남 씨가 짐자전거로 어머니를 태우고 홍성외과병원으로 땀을 흠뻑 적셔가며 달려서 다행이 위급한 상황은 면했다고 한다.

이렇게 밤늦게까지 시장 벌에서 사시다가 뱀까지 물려가며 평생을 살아오신 어머니의 질곡된 삶이 자식들에게는 늘 송구스럽다. 안타까움에 가슴이 저며온다.

봉급날의 통곡

학부모 교육이나 자모님들과 여성들이 많이 모인 연수 시간이나 특강을 할 기회가 있을 때마다 분위기를 고조시키는 멘트로 첫인사와 함께 "세상에서 가장 아름다운 두 글자 단어가 무엇인지 아시는 분 있습니까?"라고 묻는다. 대부분 사랑, 열정, 성공이라고 대답하는 사람들이 많다. 나도 여지까지 세상에서 가장 아름다운 두 글자를 '사랑'으로 생각하고 살아왔다. 그러나 정답은 동서고금을 막론, '엄마, Mother'라는 것을 어느 글귀에서 본 것이 기억난다. 그렇다 누구도 부인할 수 없다. '엄마'라는 단어 두 글자만 들으면 많은 사람의 가슴속에서 잔잔한 울림이 오고, 가슴이 먹먹해지며 숙연해지기도 한다.

    오래전 뽀빠이 이상용 씨가 진행하는 〈우정의 무대〉에서 '엄마가 그리울 때'라는 잔잔한 배경음악과 함께 장병 한 사람이 "엄마, 어머니!"라고 크게 부르면 그립고 보고 싶던 엄마가 나타나는 장면이 있다. 어떻게 주체할 수 없는 표정으로 아들과 엄마가 서로 얼싸안고 우는 장면을 보고 울어 보지 않은 시청자는 별로 없을 것으로 생각된다.*

그런데 나의 엄마는 보고 싶어도 뵐 수도 없고, 목소리도 들을 수 없고, 전화 한 통화를 드리고 싶어도 번호가 없어 할 수 없다. 정말 애통한 마음 금할 길이 없다. 지금도 "어머니!" 하고 부르면 나타날 듯 싶어 크게 불러본다.

"어머니, 어머니, 어머니……."

아무리 불러봐도 인기척도 대답도 없어 가슴속 깊이 어머니의 숨소리만 큰 울림으로 다가오고 있다.

어머니는 72~73세 전후까지 억척스럽게 채소전 벌을 지키셨는데 어느날 그것도 못할 정도로 기력이 떨어지셨다. 고통을 참기 어려운 여러 가지 질병과 노환으로 병원 신세를 지셨고 주로 두 딸의 집에서 병고를 치르셨다.

젊었을 때 허기진 배를 참아가며 무거운 짐을 머리에 이고 지고 채소 장사를 하신 후유증으로 양쪽 무릎의 통증과 심한 골다공증만 남아 있었다. 그리고 양쪽 무릎 관절에 인공 뼈를 넣는 대수술을 여러 번 받으셨다. 한쪽 무릎을 먼저 받고 나서 1년 정도 지난 후 또 한쪽 수술을 받으실 때 인천의 한 대학병원에 입원하여 계시면서 어머니께서 하신 말씀이 생각난다. 토요일 오후 학교 근무를 마치고 인천 병원으로 향했다. 인천에서 가깝게 살고 간호사 생활을 하면서 어머님의 병간호에 고생하는 막내 여동생과 넷째 동생의 노고를 조금이라도 덜어주기 위해서 형제자매들이 쉬는

✱ 관련 블로그: http://blog.naver.com/23nov76

날만큼이라도 어머니 병간호에 힘을 보태기 위해서였다. 어머님께서 갑자기 나를 부르면서 말씀하셨다.

"동권아! 내가 지금까지 무릎 수술을 두 번씩이나 하고 골다공증 등에 치료비로 들어간 돈이 아마 만 원짜리로 쌓아올리면 내 키보다 훨씬 높을 것 같다."

병고에 시달리는 당신의 고통을 생각하시기보다는 자식들에게 미안해하시는 말씀이었다. 이렇게 7여 년을 병고에 시달릴 때는 1년에 반년 정도는 병원 침대 신세를 져가며 좀 차도가 있다 싶으면 퇴원하여 서울에 있는 누님 댁과 인천에 사는 여동생 집에서 주로 기거하셨다.

누님 댁에 계실 때 일이다. 어머니가 좋아하는 과일과 아내가 준비해준 반찬 등을 가지고 가도 별로 드시지도 못했다. 기력이 떨어져 많은 시간을 누워만 계셔서 등에 욕창이 생기고 화장실 출입도 간신히 뒤에서 끌어안고 가야만 가능했다. 그리고 오랫동안 주사를 맞아 엉덩이와 팔뚝 언저리가 시커멓게 멍 자국만 남아 주삿바늘 들어갈 한 땀 자리도 없어 보였다.

운명을 거두시기 전에는 막내 여동생이 근무하는 인천의 한 요양병원에서 오랫동안 누워만 계셨다. 그리고 폐렴 증세가 악화되어 생을 마감하셨다. 돌아가시기 하루 전 오후 어머님이 위중하시다기에 급히 병실을 찾으니 어머님이 홀로 누워 계셨다. 오랫동안 드시는 것이 별로 없어 쳐다보기가 민망할 정도 앙상한 뼈만 남아 핏기 한 점 없는 수척한 얼굴이었다. 툭 뛰어나온 광대뼈만 남은 창백한 얼굴에 나의 얼굴을 깊이 파묻고 "어머니 일어나세요, 어머니는 더 사실 수 있어요! 어머니 죄송스럽습니다."라고 말을 건네자 떠지지 않는 초점이 흐려진 눈을 간신히 뜨면서 "동권아! 나 괜찮다. 내려가라."는 유언 아닌 유언, 그저 힘들어할 자식을 위한 마지막 말씀을 남기셨다. 이 순간에도 글을 쓰지 못할 정도로 가슴이 답답하고 먹먹해지며 눈물이 앞을 가린다.

아버님께서 갑작스럽게 돌아가셔서 임종도 지키지 못한 불효자식으로서, 어머님의 임종은 지킬 수 있었는데 어머님의 마지막 내려가라는 말씀에 또 어머님의 임종조차도 지키지 못하고 말았다.

"부모는 열 자식을 기를 수 있으나, 열 자식은 한 부모를 봉양하기 어렵다."라는 독일 격언처럼, 잘 모시지도 못하고 특히 임종을 충분히 볼 수 있었는데 그리하지 못한 불효막심한 마음이 더욱 한이 되어온다.

어머님의 시신이 인천에서 출발하여 오후에 홍성 장곡 농협 장례예식장에 안치되었다. 4일장으로 장례를 치르는 동안, 모시고 살지 못하며 잘 못해드린 일, 효도 한 번 제대로 못해드린 일을 떠올렸다. 평생을 채소 장사로 질곡桎梏 된 삶으로 오직 가족과 자식만을 위해 살다 가신 어머님의 삶을 생각하면 너무 불쌍하고 애처로워 하염없는 눈물만 쏟아졌다.

송강 정철의 사모곡 일부가 생각난다.

어버이 살아 신제

어버이 살아 신제 섬길 일란 다하여라
지나간 후이면 애닯다 어찌하랴
평생에 고쳐 못할 일이 이뿐인가 하노라.

어머님의 운구차 뒤 장례버스를 타고 가던 중, 어머니께서 굶주림을 참아가며 평생을 지킨 홍성시장을 지나가고 있을 때 바로 아래 동생과 똑같이 울음이 터져 나왔다.

"어머니 너무 고생하셨습니다. 어머니 죄송합니다."

아무리 불러도 어머님은 보이지 않고, 채소전만을 뒤로 한 채 영구차는 앞으로 내달리고 있었다. 어머님의 시신이 마지막으로 평생을 사시던 신혼 시절 토담집에서 지금은 형님의 전원주택으로 바뀐 집터를 한 바퀴 도는 동안 놀라운 현상이 벌어졌다. 전원주택 옆쪽으로 마련된 연못 분수대에서 올라온 물줄기의 영향으로 아름답고 영롱한 일곱 빛깔 무지개가 일어났다. 그때 많은 조문객이 고인이 가신 발걸음을 위로해주었다.

어머님은 불심도 깊어 평생을 자비를 베풀면서 남들에게 선을 베푸시다 가셔 도솔천에서 영생복락永生福樂을 누리실 것으로 확신한다.

초상을 치르고 난 뒤에 연못을 다시 한 번 살펴보니 조그마한 수련도 몇 송이 피어있어 극락세계로 가신 것으로 믿는다. 어머니는 2008년 5월 17일 80세의 일기로 운명을 달리하셨다. 6월 17일은 돌아가신 딱 한 달이 되는 봉급날이다.

　퇴근하여 식구도 없는 텅 빈 안방 전화기 앞에 앉는다. 그 당시 인터넷 뱅킹은 성행되지 않았으나 자동이체는 보편화된 상황이었지만 한 달에 한 번씩이라도 어머님을 생각하면서 용돈을 넣어드리자는 의미에서 자동이체를 하지 않았었다.

　폰뱅킹으로 여러 곳에 계좌이체를 시작하다 보니 세번째 줄에 4850으로 시작되는 어머님의 계좌번호가 보였다. "어매! 이게 어찌 된 일인가요?" 눈을 의심하며 깜짝 놀라게 된다.

　아! 이제는 영영 넣고 싶어도 넣을 수 없는 계좌번호, 드리고 싶어도 그림자도 볼 수 없는 분이 되셨으니……. 나도 모르게 울음이 복받쳐 크게 소리 내어 대성통곡하며 울어본다. 한참을 울고 나니 아파트 위 아래층이 걱정되었다.

　하나님은 신神을 한 사람 한 사람에게 주지 않고 '어머니'라는 신을 주었다고 하는데 나도 평소 어머님을 또 하나의 신처럼 여기고 생활하고 있으며 인생의 멘토 역할을 하시는 어머니가 시간이 자꾸 흐르면서 희미해져가는 것이 너무 안타깝고 죄송스러울 뿐이다.

자식을 가슴에 묻고

나의 형제자매 5남 2녀 중 5번째 동생과 6번째 동생의 나이 터울이 7살 차이가 난다.

    부모님은 슬하에 5남 3녀를 두셨는데 그 사이에 있는 여동생이 4살 때 운명을 달리했다. 이름은 동모東模라고 하며 이 글에서라도 기억하면서 가슴을 아파하는 가족이 있음을 하늘나라에서라도 알아주었으면 하는 마음에서 한번 이름이라도 불러본다.

    내가 11살 초등학교 4학년으로 기억된다. 어느 가을날 학교에서 돌아오니 집안 분위기가 싸늘했다. 여동생이 죽었다는 소식을 전해 들었을 때 어린 나이에 불쌍한 생각과 미안한 생각으로 슬픔에 젖어 많은 눈물을 흘렸다.

    여동생이 죽음이 무섭기도 하고 불쌍하기도 했지만 한이 되는 이유가 더 있다. 어머니가 안 계실 때 업어주다 그만 부주의해서 등에서 마당으로 세게 떨어뜨렸다. 이때 머리에 닿은 큰 충격으로 죽은 것만 같아 한이 되기도 하고 걱정도 되었다.

    이런 사연을 아무에게도 이야기하지 않고 숨겨온 사실이 죽은 뒤에서야 더 죄스러움으로 다가왔다. 그러나 사실 법정 전염병인 디프테리아에 전염되어 죽게 된 사연을 이후 어머니께 듣게 되었다. 더 가슴이 아프다.

딸의 이마를 손으로 짚어보니 열이 펄펄 나 아무래도 죽을 것만 같아 등에 업고 홍성의 한 의원에 갔다. 의사가 청진기를 대는 순간 일성에 하는 말이 "돈이 없으면 치료도, 입원도 못합니다." 였다고 한다. 퉁명스럽게 하는 말에 하늘이 무너질 듯한 감정이 복받쳐 이를 악물고 돌아오는 길에 그만 숨을 거두고 말았다고 한다.

둘째 딸이 죽은 후 '돈이 없으면 이렇게 자식들을 죽일 수도 있고, 공부도 못 가르치겠구나.'라는 생각을 하시고 고민 끝에 채소장사 길로 나가신 결정적인 계기가 되었다고 한다.

갑자기 여동생이 죽음으로써 죽음에 대한 공포와 '죽음 후에 어떻게 되는가? 사람은 왜 죽을까?'라는 걱정과 무서움 때문에 어린 나이에 많이 시달렸다. 여동생의 주검을 아버지와 큰아버지께서 지게로 지고 가셔 어머니 몰래 애장(어린아이의 시신 무덤)으로 묻고 오셨다고 한다.

그 후 어머니께서는 아침 밥상머리에서 엉엉 울기도 하시고 잠을 주무시다 돌아누워 베개가 흠뻑 젖도록 우시는가 하면 "동모야! 동모야! 새 옷 한 벌도 제대로 사 입히지 못하였는데 벌써 죽다니." 하시며 가족들을 눈물바다로 만드셨던 기억이 되살아난다.

어머니께서 슬픔을 견디다 못해 아버지께 애장 자리를 알려

달라고 계속 졸라 알아낸 후, 사탕을 한 봉지 사셔서 묫자리에 뿌려놓고 애걸복걸하시며 주체할 수 없는 슬픈 나날을 보내셨다.

보다 못해 아버지께서 "이제 그만 정을 떼버려."라고 하시면서 큰 소리로 어머니께 지청구하시며 강하게 만류하셨다.

부모 앞에서 불미스럽게 자식이 먼저 죽게 되면 부모는 자식을 가슴에 묻는다고 하는데, 이는 숨을 쉴 때마다 생각이 난다는 의미인 것 같다. 어느 통계자료에서 인생에 가장 충격적인 사건을 비율로 표현했는데, 자식이 먼저 죽으면 74%, 배우자 죽음은 71%, 부모의 죽음을 60%로 나타난 바 있다.

어머니께서는 안타깝게도 미처 피어보지도 못하고 운명을 달리한 딸을 가슴 한켠에 묻고 평생을 살아가셔야만 했다.

잔잔한 울림

옛말에 화향백리 花香百里, 주향천리 酒香千里, 인향만리 人香萬里라는 말이 있다. 풀이하면 아름다운 꽃의 향기는 백 리를 가고, 잘 숙성된 술의 향기는 천 리를 가며, 사람의 인품과 덕망으로 피는 향기는 만 리까지 전해진다는 뜻이다.

어머니께서는 연세가 마흔이 다 되어 서른아홉에 막내아들을 얻는다. 그 당시에는 상당히 노산이었다.

열 손가락을 깨물어 아프지 않은 손가락이 어디 있으련만 늦자식을 두어 그런지 주어진 환경 속에서 잘 키워보려는 의지가 매우 강하셨던 것 같다. 늦게 태어난 동생이라 내리사랑으로 형제자매들도 많은 사랑을 주며 돌보아주었다.

큰형님과 나이 차이가 무려 스무 살, 누님과는 열일곱 살 차이가 난다. 따라서 늦둥이 동생 출산 해산간 解産間은 주로 누님이 해결하셨다. 막냇동생이 무신생 11월 24일(음) 늦은 동짓달에 태어났으니 추운 겨울에 산후도우미 역할을 해드리랴 귀찮기도 하고 얼마나 고생을 하셨을까? 감히 짐작이 간다.

큰형님께서도 교육대학을 다닐 때 막냇동생 출생 소식을 들고 기뻐하며 방학 때 집에 와서 누님과 함께 산후도우미 역할을 했다. 어머니께서는 늦게 동생을 보게 한 것이 큰아들에게는 부담도 되면서 부끄러웠다고 하셨다.

채소 장사를 시작하신 지 얼마 안 되어 출생한 늦둥이라 젖먹이를 업고 다니며 장사를 계속하셨다. 어머니께서 평소 식사량도 적고 잘 드시지 못하여 젖이 잘 안 나와 시장 벌에서 동냥젖을 얻어 먹여가며 고무대야 속에 늦둥이를 가두어놓고 장사를 하셨다. 지친 몸으로 늦둥이를 업고 시장에서 돌아오시는 어머니를 누님이 마중나갔다. 무거운 짐과 동생을 업고 돌아오는 길에 하루 동안 있었던 일들을 주고받으면서 하루의 피로를 조금이나마 풀었을 것이다.

큰형님께서 일찍 교직생활을 하게 되어 집 가세가 좀 펴지기 시작할 무렵 어머니께서는 동생들의 선생님을 이해하고 존경하는 모습이 조금은 남달라지셔서 선생님들께 식사 대접을 하셨다. 이는 바로 밑 동생 중학생부터 시작하여 특히 막냇동생까지 계속 이어졌다.

요즘처럼 차량을 이용하는 현장체험학습이 아니라 당시에는 학교 근처 산과 저수지 등을 선택하여 원족이라 할 수 있는 소풍을 1년에 두 번씩 갔다. 소풍을 갈 때마다 어머니께서 선생님들께 드리려고 몇날 며칠을 두고 정성스럽게 준비한 점심밥을 가지고 산과 저수지를 찾아다니셨다.

푸짐하게 차려진 상차림의 점심을 운반하기가 그리 쉽지만 않았다. 차량이 별로 없었던 시절이라 아버지께서 손수레로 소풍지인 산 아래까지 끌어다드리면, 양은 대야에 담아 두세 번 행보까지 하며 산 정상까지 올라가 선생님들을 따뜻하게 대접해드리곤 했다. 어느 때는 동네 아주머니 한 분께 품삯을 드리며 그분과 같이 먼 산까지 올라가실 때 한 대야를 산 중간 무렵 갖다 놓으시고 땀도 식힐 겸 또 다시 내려와 한 대야를 이고 올라가는 일을 반복하여 산꼭대기까지 운반하셨다. 그러고는 선생님들이 맛있게 드시는 모습을 보면서 그 어려움을 달랬다.

논어에 "음식과 술이 있거든 선생님에게 먼저 드려라."라는 말이 있다. 그 말을 몸소 실천하시며 스승 존경의 깊은 마음을 자식들에게 보여주셨다. 이렇게 어머니께서 진심으로 우러나와 선생님들을 존중하는 어머니상像을 보여주셨고, 그렇게 많은 선생님들의 관심과 사랑을 받으며 자란 자식이 어떻게 잘못될 수 있을까? 라는 반문도 하게 된다.

요즘 같으면 청탁금지법에 크게 저촉을 받을 수 있고, 치맛바람일 수 있으나 어머니께서 선생님을 존경하고 싶은 마음에서 하신 일이라 생각된다. 야학을 다닐 때부터 스승을 존경하는 마음을 갖고 살아오시면서 가난한 살림에 하고 싶어도 제대로 못했던 것을 자식들 선생님에게라도 해드리고 싶어 성심성의껏 대접해드린 것이다.

아름다운 꽃이 은은한 향기로 자기를 나타내듯 내가 근무하고 있는 천안 교직 사회까지 어머니의 아름다운 향기가 전해져

왔다.

　얼마 전 천안시 노인대학에서 우리 어머니 삶에 대해 강의 요청이 들어왔다. 처음에는 인생의 대선배이고 삶의 경험과 지혜가 풍부한 어르신들 앞에서 무슨 이야기를 할까 고민하다 고사固辭를 했는데 자꾸 부탁이 들어왔다. 자식 자랑과 자기 부인 자랑은 팔불출에 속하지만 어머니 삶에 대하여 자식이 자랑하는 것은 부모님에 대한 의무이며 도리다 싶어 많은 고민 끝에 승낙했다.

　어르신들께 어머니가 평소 좋아하시던 인절미와 함께 아카시아 꿀을 타서 드렸다. 100여 명의 어르신의 앞에 서니 갑자기 큰 절을 올려드려야겠다는 생각이 들어 넙죽 절을 올리니 분위기가 숙연해졌다. '고무다라이 속의 자식 사랑'이라는 주제를 가지고 혹독한 가난과 반평생을 채소전 벌에서 살아가며 자식들을 키워낸 어머님의 아름다운 삶에 대하여 진솔하게 말씀을 올렸다. 그리고 몇 달이 지난 후 다시 강의 요청이 들어와 노인들의 건강관리 및 운동의 중요성에 대하여 공유하는 시간을 가졌다.

　어머님과 아버님의 거룩하고 숭고한 삶의 궤적들이 천안을 벗어나 세상 만 리까지 스며들어 아름다운 향기로 전해지며, 잔잔한 울림으로 계속될 것이다.

우리 아비 병대 갔어요!

아버지는 열아홉 살에 한 살 어린 어머니를 만나 큰댁 작은 골방에서 신혼생활을 시작하셨다. 그 당시는 많은 사람들이 그렇게 살았지만, 큰댁에서 시어머니와 시아주버니, 윗동서와 함께 산다는 것은 말로 표현하기 힘들 정도로 불편한 신혼생활이다.

3년을 그렇게 보내고 지금의 집터인 토담집으로 분가해서 한참 재미있게 살아보려는 순간 고통의 6·25전쟁 발발이 두 분의 애틋한 정을 갈라놓았다. 네 살배기 큰아들과 돌도 지나지 않은 딸을 남겨놓고 1951년 11월 13일에 아버지께서는 강제로 군대로 끌려가야만 했다.

아침부터 머리 위로 폭격기가 날아다니고 포탄과 총성 소리가 귓전을 따갑게 울리는 상황에 사랑하는 처자식을 떼어놓고 가는 발걸음의 무게는 얼마나 무거웠을까? 두 분의 그 아픔을 누가 헤아릴 수 있을는지? 몇 발자국 옮기지도 못하고 뒤를 쳐다보고 속에서 솟아오르는 아픔과 슬픔을 눌러가며 또 한 발자국 옮기며 뒤를 보면서 떨어지지 않는 발길을 옮겨야만 했다.

등 뒤에 찡얼대는 한 살배기 딸을, 한 손에는 철부지 큰아들을 부여잡고 있던 지어미의 손을 떼어놓고 홍동면사무소로 가는 작은 언덕 너머로 희미한 그림자도 남겨두지 않은 채 사라져버렸다.

우리 집사람도 아들을 군대 보낼 때 보이지 않는 곳에서 눈물을 계속 훔쳐가며 보내놓고 제대할 때까지 날마다 걱정하던 기억이 난다. 또 같이 근무하던 여 선생님 한 분은 자식을 군대에 보낸 후 기역 자만 봐도 눈물이 난다고 했다. 아들 이름 첫 글자가 '규'라서 'ㄱ'으로 시작되고 '군인'이 'ㄱ'으로 시작되어 눈물이 절로 난다며 우는 것이다.

이렇게 요즘에도 군에 보내놓고 남은 부모들이 겪는 웃지 못할 사연이 있는데, 자식이 있는 남편을 총칼이 빗발치는 전쟁통에 보내놓고 기약 없이 기다려야만 하는 그 마음이야 오죽 아프고 암담했을까…….

아버지께서 군 입대 후 동네 사람들이 큰아들을 보고 물으면 서슴지 않고 크게 대답했다고 한다.

"너희 아버지 어디 갔니?"

"우리 아비 병대 갔어유."

지아비를 군대에 보내고 난 후 어머니는 하루하루가 어떻게 지나가고 있는지 생각하기도 싫은 나날이었다고 한다. 눈만 뜨면 '탕, 탕, 탕' 거리는 총소리에 '내 남편이 듣기 싫은 징그러운 저 소리에 어떻게 살아남아는 있는지?' 논밭일을 하다가도 낯선 사람만 지나가도 '혹시 저 사람이 죽었다는 전령傳令을 가지고 온 사람이 아닐까?' 하는 조바심으로 하루하루를 지냈다고 한다. 폭격기가 하늘 위로 날면 꼭 우리 집 지붕으로 포탄이 날아들어올 것만 같은 생각이 들었다고 한다. 그래도 자식들과 기다리는 동안 살아가기 위해 어린 딸을 방에 가두어놓고 따라다닐 수 있는 큰아들만 데리고 다니며 멍에배미 논에 두엄을 펴고, 지게로 볏짐을 나르며 농사를 지었다.

추운 겨울이면 청솔가지로 군불을 지펴가며 자식들을 부여안고 긴긴 밤을 무서움과 설움, 눈물로 지새웠고, 외할머니께서는 막내딸이 남편도 없이 혼자 생활하는 것이 안쓰럽고 측은해 보여 동이 트기 전에 치맛자락을 찬 이슬에 흠뻑 적셔가며 쌀 한 자루, 보리쌀 한 자루를 마루에 올려놓고 아침도 드시지 않은 채 서둘러 가신 적이 한두 번 아니었다고 한다. 외삼촌께서도 아침 일찍 나무 장작이나 솔걸('솔잎'의 충청도 방언)을 한 짐 지고 안마당에 부려 놓고 가셨다고 한다.

어렵게 어렵게 하루하루를 살아가고 있지만 날이 밝아오면 "어젯밤도 무사했구나! 감사합니다." 하고 오늘도 내일도 무사하길 기원하는 마음에서 장독대 위 정화수에 빌고 또 비셨다. 어머니께서 아버지 군대 시절에 고생하고 무서웠던 이야기를 어린 시절에 많이 해주셨는데 가장 생생하게 잊혀지지 않아 머릿속에 남아 있는 절박한 사연을 전하고자 한다.

밤이면 두 자식을 부둥켜안고 뜬눈으로 지새우는 늦은 밤, 가끔 뒤쪽문 창호지를 긁어가며 저음의 목소리로 "문 열어!" 하는 소리가 들리면, 부여안고 있던 두 자식을 세게 꼬집어 '엉엉' 크게 울게 하고 헛기침을 계속하면 사라지곤 했다고 한다.

아버지께서 군대 간 시절 가장 고마웠던 분들은 자주 오셔서 주무시는 시어머니와 가끔 마실을 나오셔서 밤늦게까지 이야기를 나누다 가는 동네 어른들이었다고 한다. 이렇게 애간장을 녹이는 무서운 밤으로 지아비만 기다린 지 3여 년쯤 되는 어느 날 아버지께서 휴가를 맞아 나오셨다고 한다. 그립던 지아비의 얼굴을 모처럼 보니 반가움보다는 무서우셨다고 한다. 떠날 때의 순한 눈빛과는 다르게 무섭게 빛나는 눈빛으로 (당시 어머니께서는 '살기' 나더라고 표현) 변해 있었다고 한다. 죽음을 넘나드는 전투에서 살아남기 위해 천신만고의 어려움을 이겨낸 흔적을 그 눈빛에서 엿볼 수 있었다고 한다.

아버지의 이야기를 들으니 적들과 싸울때 총탄을 맞은 전우들 시체 위에서 죽은 체하고 있다가 적들이 지나간 후에야 다시 일어나 전투에 임했고, 하루에도 전우들이 수십 명씩 죽어 나가는 것을 보고 그 시체 위에서 전투식량을 먹어가며 군 생활을 했다고 하니 매섭게 변한 눈빛이 이해되었다고 하셨다.

6·25전쟁 인명 피해가 통계를 보면 비전투 사망자까지 포함하여 한국인(남한)이 241만 1,000여 명이었다고 한다. 아버지께서 살아남으신 것은 정말 천운이며 기적이라고 하지 않을 수 없다는 생각이 든다.

오랜만에 휴가를 나온 아버지의 옷차림새는 다 해진 군복에 무릎 부분은 피복선으로 얽어매고 군화는 엄지발가락이 나올 정도로 찢어져 있었다고 한다. 아버지는 평생을 부지런하고 매사 긍정적이며 아무리 어려운 일에도 어렵다는 내색을 하지 않고 혼자서 해결하시며 묵묵히 기다려주셨다. 그 생활철학을 몸소 수많은 역경을 이겨내신 경험을 통해 우러나온 것 같다.

　우리 집 대문 기둥 한편에 '참전용사의 집'이라는 명패가 걸려있는데, 아버지는 이 명패를 자랑스럽게 여기셨다. 아버지의 영혼과 나라를 위해 몸 바치신 숭고한 희생정신은 우리 수옥壽玉(아버지 李壽永과 어머니 兪玉順의 가운데 자를 이용하여 만든 명명) 가족들에게는 물론 자손들에게 길이길이 빛날 것이다. 훌륭한 아버지의 묵묵한 가르침이 자식들에게 가슴 깊이 남아 있다. 그 어렵던 군대시절 추억들이 담긴 빛바랜 사진 몇 장과 군번을 잘 보관하여 공유할 것이다.

군대둥이

어린시절, 부모님을 비롯해 동네 어른들까지 나를 '군대둥이'라는 별칭으로 부르셨다. "가장 높아 넘기 어려운 고개가 보릿고개"라는 옛 속담이 있는데, 그 보릿고개 시절 1955년 6월 16일(음) 한 여름 찌는 듯한 더위 속에 태어났다.

   6·25전쟁으로 뿔뿔이 흩어졌던 가족들이 다시 만나면서 출산률이 늘어나는 그 시대를 베이비붐 시대라 했다. 즉 1955년부터 1963년까지 태어난 사람들을 일컫는다. 나는 정확히 베이비붐 시대의 첫 출발점에서 태어났다. 아버지의 병적확인서에 의하면 6·25전쟁 발발 바로 다음 해인 1951년 11월에 입대하여 1955년 8월에 하사(당시 특임상사)로 만기 전역을 하셨다. 그래서 내가 '군대둥이'로 불리던 이유를 성장하고 난 뒤 늦게서야 알게 되었다.

   어머니께서 임신 중에 아버지도 안 계신 상황에 먹을 것이 제대로 없어 그야말로 '×구멍이 찢어질 정도'로 가난한 현실에서 태어난다. 어린애가 젖을 빨아대면 산모가 먹을 것이 없어 기력이 완전 소진되어 하늘이 노래지면서 헛것이 보이고, 곧 쓰러지는 경우도 종종 있었다고 하셨다. 그것도 산모가 하루 종일 논밭일을 해가며 저녁을 이용하여 보리 방아를 찧어 보리꽁쌀미만 먹던 시절이라 당연히 영양실조에 걸려 눈꺼풀이 바르르 떨리는 증세가 자주 나타났다고 하셨다.

내가 7남매 중 어머니의 젖이 부족하여 젖배를 가장 많이 곯았다고 걱정하신 말씀을 듣고 자랐다. 모든 사람들이 부모님 유전자를 받고 태어나지만 워낙 소화력이 약한 어머니를 닮아서인지, 아니면 어려서부터 젖을 제대로 못 먹고 성장해서인지 여러 형제자매 중 둘째 아들인 내가 소화력이 제일 약하다고 말씀하셨다.

약하게 태어나 성장했지만 살아오는 동안 음식 조절도 하고 꾸준히 운동하여 현재는 마라톤 풀코스 42.195km를 완주할 정도로 강인한 체력을 가지게 된 것을 자랑스럽게 여기고 있다. 지금까지 10년을 넘게 10km, 하프, 풀코스를 포함하여 연중 10회 이상 달리면서 아무런 이상 없이 지낼 수 있는 건강한 심신을 주신 부모님께 감사한 마음을 한 번도 잊지 않고 힘차게 달리고 있으며 내일도 달릴 것이다.

따라서 몸은 필연적으로 부모님께 물려받아 태어나지만 신체는 얼마든지 노력으로 만들어갈 수 있다는 생각이 든다. 지금까지 반 백년 이상을 살아오면서 역경과 어려움이 있거나 긴장될 때는 나의 가슴속에 신神처럼 존재하는 부모님께서 늘 지켜보시고 강한 용기를 불어넣고 계시다고 믿으며 나 자신을 가다듬는다.

미국의 16대 대통령 아브라함 링컨이 한 "나는 어버이를 기억한다. 언제나 나를 계속 따라다녔다."라는 말을 인용하고 싶다.

    식사 때도 묵도로 부모님의 은혜와 가르침 속에 오늘도 이렇게 행복한 삶을 살아가는 것에 대해 감사하며 무언의 대화로 소통하는 기회를 늘 갖는다. "우리 부모님께서 나를 어떻게 낳아주셨는데. 나는 특별하게 태어난 존재다."라고 되뇌곤 한다.

    '군대둥이'로 6·25 동란의 격동기와 가난 속에서도 낳아주신 부모님은 나의 가슴 깊은 곳에 신으로 자리잡고 계신다.

당산^{堂山}에 얽힌 사연들

내가 살던 고향에는 몸과 마음을 늘 지켜주는 당산(만경산)이 자리하고 있다. 흔히 마을의 '수호신'이라고 부르는 마을 뒷산을 옛부터 당산이라고 한다. 이 당산은 봄이면 진달래가 붉게 물들어 불타오르는 듯 연분홍 색깔이 장관^{壯觀}이었으며, 산나물 향기와 아카시아 꽃 내음이 코를 찌른다. 겨울에 눈 덮인 모습도 아름답다.

어릴 적 동생들, 친구와 하루에도 몇 번씩 오르내리면서 놀던 추억의 동산, 정감 어린 동산이기도 하다. 높이는 해발 150여 미터 정도 되고, 우리 집에서 올려다보면 잘생긴 산이라고 할까? 위치는 앞뒤로 팔괘리^{八卦里}와 신기리가 자리잡고 있다. 이 산에는 매작바위와 두엄바위가 있어 돌곽뫼^{石山}라는 이름이 된 것으로 추측되는데, 이 지역이 조선 말엽 상팔리·하팔리·송정리를 합쳐 팔괘리로 지명되었다고 한다. 아버지와 우리 형제 자매들은 팔괘리 석산에서 모두 태어나 자랐다.

팔괘^{八卦}라는 의미는 역학에서 사용되는 기호 체계로서 우리나라를 상징하는 태극의 밑바탕에 사용되었다. 향토사학자에 의하면 팔괘라는 마을명은 전국에 하나밖에 없어서 고증이 필요한 고을명이라고 한다. 강원도 영월군에 팔괴리라는 마을명이 있는 것으로 파악된다.

당산 정상에는 화산 분화구처럼 배구장 2배 정도 크기의 인공 봉화대가 있어 전망이 매우 좋고 평평하여 아주 놀기 좋은 산이다. 초등학교 다닐 때 여러 번 소풍을 왔던 곳이기도 하다. 『홍주신문』 자료에 의하면 기미년 3·1운동이 일어났던 그해, 4월 봉화와 함께 독립만세를 이곳 만경산에서 크게 외쳤다고 한다.

당산에서는 종종 각종 도자기, 사기그릇, 유골 등 유물들이 일반인에 의하여 쉽게 발견되곤 한다. 그래서 문화재 보호 차원에서 전문가가 유물을 조사·발굴하여 역사적으로 조명해볼 가치가 있는 산으로 많은 사람에게 회자되고 있다. 당산의 양지바른 곳 명당 터는 선영으로, 조상들의 산소가 많이 있으며 우리 부모님도 그곳에 영면하고 계셔서 더욱 의미가 깊은 산이다.

아버지께서는 추운 겨울이면 눈이 녹은 곳을 찾아다니시며 하루에도 당산을 두세 번씩 오르내리며 땔감을 마련하시느라 여념이 없으셨다. 아버지께서 나무를 하실 때 지고 다니시던 다 부러진 목발을 이어서 쓴 지게는 지금도 소중이 보관하고 있다. 아버지의 가족 사랑을 느낄 수 있는 유물이다.

그 당시 군유지로 임자가 없어 두엄바위가 있는 산기슭을 개간開墾하셨다. 200여 평의 산비탈을 맨발에 사내끼('새끼'의 방언)를 동여매고 삽과 곡괭이로 혼자서 2년을 두고 잡목을 베어내고 고주배기('그루터기'의 방언)를 캐고 뗏장(한국 잔디)을 한삽 한삽 뒤

집어 옥토로 일구어냈다. 요즘 같으면 기계의 도움으로 이틀이면 할 일이다.

논밭과 터전이 적었던 당시 아버지가 많은 식구의 먹거리를 준비하기 위한 최상의 수단이었을 것이다. 비탈진 밭이라 큰비가 오면 흙 유실이 심했으나 반드시 이모작이 이루어졌다. 호밀을 심어 베어낸 자리에 고구마를 심었는데 황토 흙이라 정말 맛 좋은 고구마가 생산되었다. 이곳에서 생산된 호밀가루가 들어가고 어머니가 만든 새우젓으로 간을 맞춘 애호박 고명이 얹어진 손칼국수 맛은 지금도 잊을 수 없다. 수확한 고구마는 수수깡으로 만든 통가리 속에 보관하여 많은 식구의 겨우내 양식이었다. 요즘 건강식품으로 각광받고 있는 고구마를 어릴 적 많이 먹고 자란 우리형제들은 여지까지 건강을 잘 유지하고 있다. 고구마는 지금도 내가 제일 좋아하는 웰빙 식품 중 하나다.

이렇게 옥토로 만들어지기까지는 아버지의 한숨과 땀방울이 맺힌 몇 단계의 개간 과정을 거쳐야 했다. 해어진 검정고무신까지 벗고 맨발로 삽질을 하신 까닭에 발바닥은 딱딱하게 군살이 배겨 마치 곰 발바닥처럼 굳었고, 평소에도 일을 많이 하셔서 그런지 거북이 등처럼 갈라진 손등·발등을 하고 평생을 살아가셨다.

점심식사도 제대로 못하고 배고픔을 참아가며 끊어질 것 같이 아픈 허리를 펼 시간도 없이 그 누구 도움도 없이 한숨 소리와 함께 삽으로 땅을 일구시는 아버지의 뒷모습을 생각하면 눈물이 앞을 가린다.

당산과 개간 밭은 주인을 잃은 채로 그대로 남아 있는데, 정작 당산 개간의 주인공인 당신은 어디에 계십니까?

대빗자루 소리

여명이 밝기 전 아버지께서 쓱싹쓱싹 대빗자루로 마당을 쓰시는 소리가 자명종 소리로 들려와 집안 식구들은 새벽잠에서 깨어난다. 눈이 온 아침이면 그 길을 걷는 이가 있든 없든 어김없이 동네 눈길을 뚫고 다니셨다. 항시 너무 깨끗하게 쓸어서 동네 사람들이 우리 집을 보고 인절미를 집 근처에 굴려도 고물 하나 묻어날 흙이 없는 집이라고 했다.

이렇게 대빗질을 하시고 난 후 겨울철에는 군불을 지펴 뜨거운 물을 마련해놓으셨다. 그리고 물지게를 이용하여 물을 길으셨다. 우물이 없던 시절이라 산 넘어 효순네 집 앞 옹달샘까지 가야 했다. 근처 높은 둑에는 돌나물과 돌미나리, 뱀딸기 등이 지천으로 깔려 있고, 물속에는 물방개, 물이끼와 해캄들이 함께 사는 옹달샘이었다. 그 물을 길어 부엌 바텡이('물동이'의 방언)에 가득 채우시는 것이 또 하나의 일과였다. 우리 집에 펌프 우물이 생긴 것은 내가 중학교 2학년 때로 기억한다.

아버지께서는 평소에 말씀이 없이 과묵하신 성품이셨지만 때로는 친구 같은 면모를 보여주셨다. 그런 아련한 추억들이 되살아난다.

　동생들과 바깥마당에 있는 빨랫줄을 네트 삼아 배구를 하고 있을 때는 함께 일원이 되어 게임도 하시며 심판까지 보아주시던 자상하고 속정이 깊으신 아버지. 그러나 어린 시절, 정말 내 가슴을 아프게 한 사건이 두 건이나 아버지께 일어났다.

　아버지께서는 많은 자식의 생활공간을 넓혀주기 위하여 토담집을 손수 고치셨다. 황토 흙에 짚을 쓸어 넣기 위해 작두를 써야 했는데, 잘못 사용해서인지 손가락의 반이 잘려나갔다. 접합 수술을 하기 위해 잘린 손가락을 천에 싸가지고 의료원으로 달렸으나 시간이 늦어 봉합 수술을 못하여 평생을 잘린 손가락으로 살아가셨다.

　또 아랫집을 짓기 위해 지붕에 올라가셨다가 떨어져 어깨뼈가 골절되었는지, 금이 갔는지 크게 다치신 일도 있었다. 아픔을 무릅쓰고 담벼락에 계속 등을 비벼대어 뼈를 맞추고는 병원도 안 가시고 아픔을 견디셨다고 한다.

　가장家長이라는 벗을 수 없는 멍에 때문에 아파도 몸짓 한번 제대로 표현하지 못하고 그 무겁던 등짐을 나눌 수도 없었다. 어느 때는 혼자서 실컷 울고 싶어도 눈물이 없어서 못 우신 것이 아니라, 마땅히 울 장소가 없어 울지 못하셨을 것이다. 아니다. 누구도 모르게 혼자서 하염없는 눈물을 쏟아냈을지도 모를 일이다. 이제야 아버지의 뒷모습이 너무 불쌍하고 가련하게 남아온다.

　정호승 씨의 시 한 편이 생각나 옮겨본다.

뒷모습

사람의 뒷모습 중에서
가장 아름다운 모습은
저녁놀이 마을을 물들일 때
아궁이 앞에 쭈그리고 앉아
마른 솔가지를 꺾어 넣거나
가끔 솔방울을 던져 넣으면
군불을 때는
아버지의 뒷모습이다.

아버님의 숨결

이른 새벽부터 두 분은 말씀도 없이 눈빛으로 대화를 하며 섣달 추운 겨울 아침에 밖으로 나가시더니 찬물에 세수하고 정갈한 마음으로 뒤꼍 장독대 위에 정화수를 한 그릇 올리시고 나란히 서서 천지신명께 비셨다. 그날은 둘째 아들이 군산교육대학(군산대학교의 전신)에 시험 보러 가는 날이었다. 오후가 되어 아버지와 함께 홍성역에서 장항선 완행열차에 몸을 실었다. 차창 밖으로 보이는 철 지난 들녘은 한가롭고 정겹기만 했다. 아버님은 농한기인데도 늘 바쁘게만 일을 하시다 자식과 함께 기차여행을 떠나는 기분이었지만 즐겁지만은 않았을 것이다. 동행하는 자식이 꼭 시험에 합격해야 한다고 걱정하시며 긴장했을 것이다.

    장항에서 군산항을 잇는 연락선에 오르니 옅은 비린내와 함께 머나먼 타향에 온 느낌이 들었다. 배 안에서 어감이 강한 전라도 사투리가 섞인 말투로 바쁘게 움직이는 사람들의 모습에 삶의 생동감이 느껴졌다. 군산시 동홍남동 언덕 위 민박집에 1박 2일 동안 묵을 숙소를 정하고 밝은 전깃불 아래 정리된 노트를 가지고 시험을 준비하는데 매일 같이 등잔 불빛 아래서 공부를 하던 것과 달리 내일은 꼭 광명이 찾아올 것만 같은 예감이 들었다.

참고로 1975년도, 내가 대학 2학년 때 처음으로 전깃불이 우리 집을 밝혀주었다. 그날 온 집안 식구가 얼싸안고 춤을 추었다고 한다.

아버님과 함께 모처럼 좁은 이부자리에서 잠을 청했다. 튀어나오는 이부자리를 덮어주며 "내일은 동권이가 대학에 꼭 합격하길 바란다."는 기도와 염원이 담긴 아버님이 숨소리가 지금도 들려오는 듯하다.

"돈으로 최고로 좋은 침대는 살 수 있어도 최상의 달콤한 잠은 살 수 없다."고 하듯이 아버님과 함께한 최상의 달콤하고 사랑이 넘치는 잠자리였다. 아버님께서 사랑으로 전해주신 따뜻한 숨결. 이제는 내리사랑이라고 우리 자식에게 그대로 전하고 있다.

가끔 새벽녘 자식에게 일부러 찾아가 침대 위에 같이 누워 꼭 안으며 살갗을 비벼대고 "사랑해! 아들 사랑해!" 하며 작은 숨소리를 귓전에 가져가면, 아들이 눈을 부시시 뜨면서 흐뭇한 표정으로 사랑을 전한다. 결혼 후 며느리에게도 우리 아빠는 지금까지 잠잘 때 나를 껴안아주면서 "용훈아, 사랑해!"라고 한다며 아빠의 사랑을 지금까지 받고 있다며 자랑한다고 한다.

아버님께서 주신 아름다운 사랑의 숨소리가 들려오는 것만 같아 내리사랑으로 실천하고 있습니다.

오매불망

'아버님의 별세'에 대하여 그려내자니 솔직히 많이 망설여진다. 이유는 너무나 큰 충격적인 슬픔과 아픔이 다시 되살아나 눈물이 가려오기 때문이다.

밀레니엄 시작의 해 2000년 5월 4일 일요일 이른 새벽녘에 갑자기 전화벨이 울린다. 불길한 예감이 들면서 수화기를 드니 형수님께서 외마디 소리를 남기고 전화를 끊는다.

"빨리 와요, 빨리 와, 아버님이 돌아가셨어요! 빨리 와요."

'이게 무슨 소리여! 세상에!'

귀를 의심할 정도로 기가 막힌 청천벽력 같은 소리였다. 잠에서 깜짝 놀라며 깬 아내가 형님댁으로 전화를 걸었다. 받지도 않는다. 다시 한 번 또 걸었다. 아무런 소식이 없다.

아내와 전날 잠자리에 들기 전 내일은 일요일이라 남당리에 가서 회 한사라(접시) 먹고 돌아오는 길에 8일 어버이날에 직접 찾아뵙지 못하니 반찬거리를 준비해 가지고 가서 아버님 진지나 해 드리자며 약속을 하고 잠에 들었다. 엊그제 저녁에도 아버님께 전화를 드렸다.

"5월 2일에는 화수회(신평이씨 종친회)에서 어른들끼리 예산 수덕사로 야유회를 간다."고 하시며 기분 좋게 말씀하셨다. 초상을 치르고 난 뒤 같이 가신 집안 어른들의 말씀을 들으니 아버님께서 몸에 아무런 이상도 없이 수덕사 덕숭산 정상까지 일행 중 제일 먼저 올라가셔서 "야호! 야호!" 하시며 기분 좋아하셨고, 형수님이 드린 용돈으로 같이 간 일행들과 약주를 사 드셨다고 한다.

그렇게 말씀하신 아버님께서 돌아가시다니 도저히 믿기지가 않았다. 아내와 정신없이 옷을 주워입고 밖으로 나가니 울음이 복받쳐 소리내어 엉엉 울었다. 초소에 있는 경비원이 쫓아와 "무슨 일 있어요?"라고 묻는다. 대답도 안 나온다. 밝아오는 하늘이 노랗게 보였다. 운전대를 도저히 잡을 수가 없어 아내가 운전하여 정신없이 내려가 안마당에 도착하니 무어라 표현할 수 없을 만큼 무서운 적막감이 맴돌았다.

어떻게 뛰어들어갔는지 모르지만 안방에는 도무지 믿어지지 않게, 아버지께서 주검이 되어 누워 계셨다. 아버님의 아무리 불러도 기척이 없다.

"아버지 이게 웬일입니까? 아버지 일어나세요! 아버지! 아버지! 아버지!"

효도 한 번 제대로 못해드리고 임종도 보지 못한 죄인이 된 마음에 억만금을 주어서라도 아버님을 살려낼 수 있다면 좋으련만 "아버지 죽을죄를 지었습니다. 아버지 죄송합니다." 하며 외쳐대도 아무런 대답이 없이 싸늘한 시신은 자꾸만 더 굳어가고 있었다.

　　아버님의 가슴 위에는 혼자서 고통을 이겨내기 위해 아스팔트에 비벼대어 갈기갈기 찢겨진 상처와 가슴 언저리 전체가 검붉은 색으로 변해 있는 피멍 자국만 남아 있었다. 아버지 사인은 심근경색으로 추정된다. 혼자 주무시다 새벽녘 가슴에 통증을 느껴 혹시나 사람을 만나기 위해 집 밖으로 나오셨고, 집 앞 도로 아스팔트 바닥에 쓰러지면서 혼자서 참을 수 없는 몸부림을 치신 것이다. 사람을 못 만나 그 누구에게도 말 한마디 못하고 뒹굴고 또 뒹굴어 4~5m의 비탈진 논둑으로 떨어지셨다. 당신 혼자서 고통스럽게 지어미를 혼자 남겨놓고 숨을 어떻게 멈추었단 말인가?

　　이른 아침 모내기 준비를 위해 나선 아랫집 작은아버지께서 우리 집 바로 앞 높은 논둑에서 아버님 시신을 발견하셨다. 아버님의 가슴에 남은 피멍 자국과 상처를 보면 당신 혼자서 감당하기 어려운 고통과 아픔이 짐작도 되지 않아 지금도 가슴이 찢어질 듯 아프다.

　　어머니께서 오랫동안 편찮으셔 병원 생활을 하시거나 서울 누님 댁과 인천 여동생집에서 주로 기거하시기 때문에 아버님은 주로 혼자 많은 시간을 오매불망 어머니를 그리면서 혼자 어려운 농사일을 해나가셨고 돌아가실 때도 아버지 혼자 계셨다. 어머니께서 오랜 병고에 시달리면서 자식들에게 짐이 되는 것이 너무 미안한 마음에 당신의 병으로 고통이 커도 아픔과 어려움을 내색 한번 하지 않으신 것이다. 객사로 돌아가셨지만 돌아가실 때 한 자식이라도 임종을 보았다면 아버님께서 "나는 괜찮으니 평생을 고생한 엄마나 앞으로 잘 보살펴드려라."라고 유언을 남기고 가셨을 것이리라.

　일요일에 가끔 아버님 일손을 도와드리려고 아내와 함께 내려가 좋아하시는 맥주를 따라 드려 얼큰하게 취기가 오르시면 며느리 보는 앞에서 눈가에는 눈물이 그렁그렁 고여 있었다. 말씀은 안 하시지만 어머니께서 오랫동안 병석에 누워 있는 것에 대한 안쓰러운 마음과 외로움, 자식들에게는 미안함의 눈물이었을 것이다.

　'아들에게 보내는 삶의 지혜' 글귀 일부가 생각난다. "네 자녀를 키우면서 효도를 바라지 말라. 나도 너를 키우면서 네가 웃는 모습으로 벌써 다 받았다." 그 메시지처럼 아버님은 자식들에게 당신이 아프다, 어렵다, 외롭다는 몸짓 한 번 하지 못하시고 돌아가셨다. 자식들은 못내 그 사실이 한이 되어 울게 된다.

　돌아가시기 3년 전 가을 유행성출혈열로 한 의료원에서 큰 병원으로 빨리 이송해야 한다고 해서, 천안의 큰 병원에 입원하셨는데 입원 하루 만에 당신 혼자서 이불 보따리를 싸 가지고 도망하다시피 집으로 내려오셨다. 형님께서 퇴근해서 병원에 와보니 안 계시다고 깜짝 놀라며 소식을 전해온 것이 지금도 생생하다.

　명절 때나 아버님 기고 때 형제자매들끼리 만나면 입원 당시 아버님의 만류를 뿌리치고 억지라도 종합검진을 하고 순환기 계통 질환인 혈압과 심근경색 치료를 지속적으로 받게 해드렸다면 아마도 지금까지 살아 계실 것이라며 후회하고 있다.

　논어에 나오는 효에 대한 경구 중에 "수욕정이풍부지樹欲靜而風不止, 자욕양이친부대子欲養而親不待"가 있다. 즉, 나무는 가만히 있고자 하나 바람이 그치지 않고, 자식은 효를 다하고자 하나 부모는 기다려주지 않는다는 뜻이다. 아버님은 그도록 그리워하시던 어머니를 혼자 남겨놓고 말 한마디 남기지 못하고 어찌 홀연히 떠나셨을까.

　초상 때 아버님이 타신 상여(영구차)가 평생을 파고 심던 한 많은 멍에배미에 다다르니 일찍이 모내기하시기 위해 물을 잡아놓으신 것을 보고 형제들은 또 한번 울음바다가 되었다.

　지금은 멍에배미 논에서 개굴개굴 우는 개구리 울음소리마저 처량하고 서글프게만 들려온다. 요새도 논과 밭에서 허리도 제대로 펴지 못하고 어렵게 일하는 촌로들을 보면 아버님으로 착각되어 한참 동안 보게 된다. 아무리 보아도 아버님은 어디에 가셨는지 보이지 않는다.

　아버님! 죄송합니다. 불효자는 지금도 웁니다.

한 여자의 일생

> 참을 수가 없도록 이 가슴이 아파도
> 여자이기 때문에 말 한마디 못하고
> 헤아릴 수 없는 설움 혼자 지닌 채
> 고달픈 인생길을 허덕이면서
> 아 참아야 한다기에 눈물로 보냅니다.

위 노래는 이미자 씨의 '여자의 일생' 1절 가사다. 노랫말 속에는 우리의 인생사의 기쁨, 슬픔, 즐거움, 괴로움이 다 함께 포함되어 있어 그 시대를 대변할 수 있는 노래들이 있다. 누님께서는 '여자의 일생'을 혼자 흥얼거리기도 하고 즐겨 부르셨다.

어릴 적 누님과 함께 논밭일을 같이할 때면 따라 불렀던 노래였는데, 지금에 와서야 가삿말 속에 누님의 일생이 모두 들어 있음을 느낀다. 누님의 꿈 많은 처녀 시절을, '고달픈 인생길을 허덕이면서 참아야 한다기에 말 한마디 못하고 눈물로 보낸' 한 여성의 일생으로 다시 한 번 생각해보는 시간을 갖게 된다.

우리 7남매 중 유일하게 초등학교 졸업장만 가진 분은 존경하는 우리 누님 혼자뿐이다. 누님을 제외한 6남매는 부모님께서 어려운 환경 속에서 모두 가르쳐 대학 졸업장을 가지고 전공을 찾아 남들이 부러워하는 직장을 갖고 명예로운 퇴임을 하여 노후가 잘 보장된 생활을 하고 있다.

가난과 여러 형제자매 때문에 혼자만 상급학교 진학의 꿈을 펴지 못하고 희생된 누님을 떠올리면 짠한 감정과 가슴이 먹먹해져온다. 그리고 평생을 살아오는 동안 누님을 뵐 때마다 고개가 숙여지고 빚진 미안한 마음을 갖고 살아간다. 우리 형제자매 모두 같은 생각일 것이다.

끼니가 걱정되는 가난과 여러 형제자매 사이에서 큰아들이 고등학교에 진학했기 때문에 딸까지 중학교에 진학시키기 어려워 부모님께서 많은 고민만 하셨을 뿐 엄두를 내지 못하였을 것이다. 여성들의 중학교 진학률이 상당히 낮은 시대적 상황도 한몫 했을 것이다. 누님께서 중학교 진학을 하지 못한 아픈 사연이 지금에서야 가슴을 더 아프게 한다.

우리 집에서 50m 정도 떨어진 바로 옆집에 사는 단짝 친구였던 선례(실명) 누나는 중학교에 진학하게 된다. 선례 누나 집은 논도 한 섬지기(20마지기)나 되며 일꾼을 두고 농사를 지었고, 아버지는 초등학교 교사였다. 선례 누나는 중·고등학생이 되어 날마다 우리 집을 지나야 학교를 오갈 수 있었다. 짧은 치마에 검정색 윗도리에 흰 카라가 달린 교복을 입고 다니는 것을 보면 처음에는 그런 생각이 별로 없었는데 시간이 지나면서 중학교에 진학하고 싶은 생각이 들었으며, "왜 나는 집에서 일만 하여야 하는가?"를 어린 나이에 고민하게 되었다고 한다. 교복을 입고 중학교에 다니는 친구를 보면 부럽기도 하고 샘 아닌 시샘이 생겨 등하교 시간만 되면 직접 마주치는 것이 두려워 몰래 숨어서 오고가는 것을 살폈다는 누님의 가슴 아픈 사연이 과거로 묻혀만가고 있다.

큰 오빠가 고등학교에 다닐 때 홍성읍에 있는 주류회사에서 병 닦는 일을 했고 주류회사가 문을 닫자, 곧바로 가발공장에 취직하여 큰 오빠와 동생들의 학비를 보태야만 했다. 어머니가 채소 장사를 한참 하실 때는 가사일을 도맡으면서 아버지를 따라 논밭일까지 해야만 했다.

어머니가 아침 일찍 시장에 나가시면 보리쌀이나 고구마가 반 정도 들어 있거나 잡곡이 섞인 아침밥을 지어 큰 오빠와 동생들 도시락을 5개씩이나 싸서 마루에 올려놓았다. 그러고 나면 그 많은 식구가 벗어놓은 빨래가 기다리고 있었다. 손빨래로 한 줄 해서 널고 나면 쉴 틈도 없이 곧바로 아버지를 따라 이른 봄 옷 속으로 숨어드는 바람 속에서 손을 호호 불어가며 보리밭을 매야 했고, 뜨거운 8월의 태양 빛 아래 콩밭을 매고, 푹푹 찌는 담배골속에서 담뱃잎을 따야 했고 거머리가 종아리 피를 빨아대는 논에서 모내기와 회전기('탈곡기'의 충청지역 방언)를 와릉와릉 소리와 함께 힘 있게 발로 밟아가며 벼 타작은 물론 어린 여성의 몸으로 감당하기 어려운 농사일을 해야 했다.

어쩌다 시간이 돼서 누님을 따라 논밭일을 따라서 나갈 때 누님이 꼭 가지고 나가는 것이 하나 있었다. 나일론 보자기에 싼 라디오가 바로 누님의 유일한 친구이자 대화 상대였다. 논밭일을 하면서 멀어져가는 라디오를 한발 한발 옮겨 놓치지 않고 청취하면서 어려움을 달래고 못 배운 한을 풀어야만 했을 것이다. 가끔 라디오에서 흘러나오는 이미자 씨의 '여자의 일생'의 노래 가사 말처럼 나이 든 여성이 아닌 어린 여성의 일생이 그렇게도 기구崎嶇하였다는 말인가?

아름답게 수 놓인 예쁜 드레스에 립스틱을 짙게 바르고 열 손가락에 네일아트와 높은 하이힐을 신고 어느 가을날의 찻집에서 조용필 씨의 '허공'을 들어가며 사랑과 낭만이 숨어 있는 청춘 시절을 보내지 못한 누님. 어머니의 빈자리를 채워가며 선머슴처럼 집안일을 해나간 누님의 청춘이 가엾기만 하다. 그러나 우리 형제자매들에게는 이 세상에서 가장 예쁘고 소중한 것은 열 손가락에 곱게 단장된 네일아트가 아니라 손가락 마디가 굵어진 거칠어진 누님의 손일 것이다.

그뿐만이 아니다. 막냇동생과 누님은 열일곱 살 차이가 난다. 어머니께서 채소 장사를 하기 위해서 젖 먹이 막내아들을 떼어놓고 나가시면 농사일과 함께 엄마 역할까지 해야만 했다.

누님이 어려서부터 궂은 집안일을 헌신적으로 잘 보살펴 복을 받아서인지 "신랑 잘 만나면 팔자 편다"는 옛 말처럼 누님의 나이 26살에 작은 이모님께서 옆집 성실한 총각을 중매하게 된다. 이모님께서 어려서부터 성장 과정을 지켜본 바라 말 수도 없고 이

해심이 많으며 넉넉한 인품에 누나를 진정으로 사랑하는 매형과 결혼을 하여 자식과 손자들과 함께 단란한 가정을 이루어 행복하게 잘 살아가고 있다.

결혼하고 나서도 친정 동생들 세 명을 계속 뒷바라지해야 했다. 넷째 동생이 서울에서 재수할 때와 막내 여동생이 간호사로 취직하여 다닐 때도 누님 신세를 져가며 생활을 했다. 특히 막냇동생은 서울대학교 대학생 시절 석·박사 과정 9년 동안이나 누님의 보살핌을 받으면서 객지에서 편하게 학업에 정진할 수 있었다.

그뿐만이 아니다. 큰형님의 맏아들(장조카)이 서울에 취직되었을 때도 2여 년간을 뒷바라지했다. 평소 부모님께서도 딸에 대하여 고마움과 미안한 마음을 간직하고 살아가셨다. 누님께서 자세한 이야기는 안 하시지만 신랑에게 항시 미안하고 감사한 마음이었을 것이다. 막냇동생 내외는 누님의 희생과 고마움을 알고 지금도 엄마처럼 생각하며 잘 따르고 있다. 어느 형제 누구보다도 가깝게 잘 지내고 있는 것이 고마울 뿐이다.

어머니께서 병고에 시달리며 누워계신 것이 7년쯤 되는데 돌아가시기 전까지 거동이 불편한 어머니를 지극정성으로 모신 효심 강한 딸이자, 또한 우리 칠 남매의 큰 기둥으로서 감내한 값진 고생과 희생정신을 우리 형제자매들은 잊지 못하며 우리 수옥(壽玉) 가족사에 길이 빛날 것이다.

딸이 더 좋아

어릴 적 우리 동네 영숙이네는 딸이 7명이고 막내로 아들이 한 명이 있었다. 아직까지도 영숙이네를 딸부잣집 또는 7공주네라고 부른다. 영숙 어머니가 딸을 5번째 낳으니 영숙 할머니는 "흠, 또 계집애구먼!" 하며 토라져 첫 국밥(산모가 처음에 먹는 미역국밥)도 해 주지 않고 오랫동안 이야기도 안 하며 시집살이를 더 고되게 시켰다고 한다.

이렇게 얼마 전까지만 해도 남아선호 사상이 두드러지게 나타난 것이 현실이다. 조선 시대 이후 유교사상의 영향으로 조상의 제사를 모실 자손의 존재가 강조되고, 대를 이어나갈 직계 후손의 필요성이 강하게 대두되었다. 따라서 대를 잇기 위하여 양자養子를 두기도 하고 씨받이까지 하며 대를 끊기지 않게 하려는 가정을 주변에서 볼 수 있었다.

특히 1980년대부터 1990년대 중반까지 산아정책과 의료기관의 태아감별법이 생겨 여아를 낙태 시술하는 일이 빈번하여 성비 불균형을 초래했다. 한 예로 그 당시 초등학교 학생 성비가 약 110:100 정도로 남학생이 많아 어느 학부모는 초등학교 졸업 할 때까지 남학생만 짝이 맺어졌다고 불만 섞인 소리를 하는 것을 들을 수 있었다.

세상에 변하지 않는 것은 없다는 진리처럼 어느 순간 가족 구성원과의 관계가 크게 변화되어 가는 것을 교육현장에서도 읽을 수 있었다. 교단에서 학생들을 지도하면서 휴일이나 일요일에 있었던 일들을 발표시키면 학생들 대부분 외할머니·이모·외삼촌 등 외가 식구들과 생활한 이야기를 종종 들을 수 있다. 친가에 가서 경험했던 이야깃거리를 일기장에 쓰는 학생은 드물었다. 친가에는 주로 명절이나 가족의 큰 행사에나 있었던 이야기가 대부분이었다.

어느 때부터 가족 구성원 관계가 부계사회에서 신 모계사회로 이행하며 그 중심이 이동해가는 모습이 초등학교 학생들 가정생활에서 나타나는 것을 볼 때 희망적이고 기쁨을 주는 변화인지 조심스러워진다.

우리 집에서도 아버지가 돌아가신 뒤 어머니를 편안히 모시려는 마음에서 형님께서 전원주택을 설계하면서 어머니가 기거하실 방을 옥돌 방으로 만들고 누워서도 밖의 모습이 훤히 잘 보이도록 낮은 유리 창호로 꾸며진 방에다 수소문 끝에 유능한 간병인을 두고 정성스럽게 모셨다.

그러나 어느 날 갑자기 아들들 누구에게도 상의 없이 누님댁으로 올라가셨다. 올라오신 어머님 때문에 누님께서 많은 고민 끝에 직장도 그만두고 어머님을 모시게 되었다. 친구 같은 대화 상대가 필요했던 것이다. 일상에서 일어날 수 있는 사소한 일로 딸들과는 다투셨다가도 금방 풀어져 아무 일도 없었던 것과 같이 지내시는 것을 쉽게 볼 수 있다.

오늘따라 엄마를 그리며

요양원에서 여성인 어르신들을 보면 엄마라고 부르고 싶어진다. 특히 엄마와 이름이 똑같은 어르신께 엄마라고 부르면서 정말 엄마였으면 얼마나 좋을까? 하는 생각이 차오른다.

    오늘은 엄마가 무지무지 보고 싶어 엄마 사진을 보니 엄마가 더욱 그립습니다.
    옆에 계실 때 말 한마디라도 더 따뜻하게 해드릴 걸
    아파하실 때 한 번 더 살펴드리고 어루만져드릴 걸
    맛있는 음식, 맛있는 과일을 더 사다드릴 걸
    엄마의 숨소리를 들어가며 옆에서 잘 걸
    분명 잘해드린 것도 있으련만 모두 못해드린것만 떠올라 더욱 슬프게 합니다.
    사랑하고 존경스러운 우리 엄마!
    광덕사처럼 아늑하고 평화스러운 그곳 풍경 소리와 아름다운 소리만 들리는 그곳에서 아버지와 정답게 손잡고 훨훨 다니며 우리를 지켜보시겠지요?

따뜻하던 엄마 손이 정말 그립습니다.
우리 엄마!

막내딸_요양원 운영(수옥카페에서 발췌)

외할머니의 꿈

어제 저녁에는 할머니 꿈을 꿨어요. 이제부터 꿈에서 있었던 이야기를 써볼게요. 제가 친척 집에서 놀고 있는데 할머니가 들어오셨어요. 그런데 꿈속에서도 할머니가 돌아가셨는데 나타나셨으니, 타임머신을 타고 과거로 오셨나 생각했죠. 하지만 꿈속에서도 할머니는 굉장히 아프셨어요. 너무 슬퍼요. 꿈속에서까지 아프실 것까진 없으신데 말이에요. 내 머릿속엔 아프신 할머니로밖에 생각이 안 나나봐요.

조금 아프시지만 않아도 좋았을 텐데…….

할머니는 저승에서 나의 편지를 읽어보셨나 봐요. 그래서 저의 꿈속에 오셨나 봐요. 그런데 저승에서 급하게 오시느라 변신도 못하시고 오셨나 봐요. 할머니는 이승에서 못했던 것을 해보시고 그곳에서 우리를 지켜주시고 사랑해주시고 있다고 믿어요. 그리고 할머니의 주름진 손 다시 한 번 만져보고 싶어요.

쭈굴쭈굴한 할머니의 얼굴에 뽀뽀 한 번 하고 싶어요.

이인서_외손자(10살 때 쓴 글, 수옥카페에서 발췌)

어머님이 날 두 번 낳으시다

따르릉, 따르릉—.
새벽 4시를 알리는 알람 소리에 어렵게 눈을 떴다. 너무 이른 시간이라 귀찮고 싫었지만, 오늘 오를 산이 처음 가는 산이라는 설렘에 벌떡 일어나 산행 준비에 서둘렀다.

차가운 새벽공기를 가르며 일행이 모여 있는 장소에 도착하니 반가운 산악회 회원들이 눈에 들어온다. 5시경에 천안 IC를 빠져나와 고속도로를 달리는 동안 아침잠을 설친 탓인지 자다 깨다를 반복하다 보니 어느새 전남 땅끝 마을 해남 두륜산 쇠노재 앞에 있었다.

남쪽 마을이라 그런지 완연한 봄을 알리는 소식들을 이곳저곳에서 볼 수 있었다. 쇠노재 입구부터 가벼운 옷차림으로 산행을 시작했다. 한발 한발 가볍게 옮기니 뒤로 보이는 다도해의 절경이 한눈에 들어왔다.

"와, 와!"
"와, 정말 끝내준다."
여기저기서 탄성의 연발이다. 산에 오를수록 남해의 정경과 바둑판처럼 정리된 경지, 농어촌의 한가로움이 눈에 들어왔다. 모처럼만에 한가로운 풍경을 만나니 마음마저 여유롭다.

높지 않고 험한 산이 아닌 것 같아 대수롭지 않게 생각했는데 가면 갈수록 암벽투성이에 루프를 타고 올라가는 곳도 많아 위험함을 느꼈다. 누군가가 등산을 왜 하느냐? 뭐가 좋으냐? 하고 물으면 저마다 다른 대답이 나오겠지만 무엇보다도 나는 생각할 시간이 많아서 좋다. 바쁜 일상에 뒤죽박죽된 머릿속도 깔끔하게 정리된 서랍 속처럼 차곡차곡 정리된 기분마저 든다. 학년 초라 계획과 인사이동으로 옮긴 선생님들을 한분 한분 떠올리며 즐거운 학교생활로 변화되게 도와드려야 한다는 생각도 하게 된다.

어느 산이고 일요일이면 인산인해를 이루듯이 이곳도 다르지 않았다. 두륜산은 출발 시간 때와 달리 정말 많은 등산객이 산을 메우고 있었다. 긴 시간을 오르고 내리는데 사람들이 걸릴 뿐만 아니라 암벽 때문에 시간이 더 걸린 듯하였다.

그때 노승봉에 올라오는 사람 50여 명 정도가 루프 두 개에 매달려 올라오고 있었다. 한참 내려갈 기회를 기다리던 중 우리 일행 한 분이 어떻게 내려갔는지 루프 한 개를 양해를 구했던 것이다. 내려간 한 분이 소리를 지른다.

"이 루프를 잡고 내려와요!"

'아 이걸 잡고 내려가야지.' 하고 생각하면서 별 고민도 없이 자연스럽게 루프를 잡는 순간 이게 웬일인가요? U자로 된 루프를 바로잡기 위해 아래에 있는 일행 한 분이 잡아당기는 순간 나는

4~5m 아래로 내동댕이쳐진다.

'와! 내가 벌써 이렇게 죽는구나!' 정말 아찔한 생각에 이틀 전 꿈속에 돌아가신 어머님이 보이더니 나를 벌써 데려가려는 예지몽이었구나 싶었다. '아니야! 우리 어머님이 나를 살려줄 수도 있어!'라는 예감이 파노라마처럼 스치면서 내 몸은 암반위에 떨어져 허우적거리고 있었다.

떨어지는 순간에 많은 등산객이 "아~아하" 하는 함성으로 나에게 기를 꽉꽉 넣어주는 것을 감지했다. 정말 기적 같은 일이 일어났다. 〈세상에 이런 일이〉에 나올 법한 일이었다. 간신히 정신을 가다듬어 보니 크게 다친 곳은 별로 없어 보였다.

한참 시간이 지나 몸을 가눈 뒤, 일행들이 부축해주어 평평한 돌 위로 옮겨 몸의 상태를 살펴보니 머리, 팔다리 등은 이상이 없고 얼굴만 상처가 좀 난 것 같았다. 허리를 움직이는 데 좀 불편함이 느껴졌다. 얼굴의 상처는 암반으로 떨어지고 1m 정도 다시 구르는 순간 생긴 듯했다. 크게 다치지 않은 이유를 나중에 생각해보니 두꺼운 외투를 넣은 배낭이 완충작용을 해 그나마 대형 사고를 막은 것이다. 세상에 이런 일이, 4~5m 높이 암반 위에서 떨어졌어도 몸에 상처는 이 정도라니 정말 기적 같은 일이었다.

'선몽된 어머님이 나를 살렸구나!'

어느새 119구조대원들이 4명이나 도착하여 보호를 요청하고 있었다. 뉴스 속보에서나 나오는 장면이 나에게 닥치다니…….

큰 부상이 아닌 듯하여 119대원 4명 중 3명을 내려보내고 대원 1명과 우리 일행의 도움을 받아 1시간 정도 하산 길을 3시간 정도 걸려 한발 한발 스스로 내려왔다. 내려오는 순간 풀 한 포기, 나무 한 그루, 세상 사람들, 세상 모두가 아름답게 보이고, 고맙고, 감사할 뿐이었다. '떨어지는 순간 돌아가신 어머님의 보살핌으로 살았구나!'라는 생각과 감사함에 깊은 상처가 아픈 느낌을 전혀 느끼지 못하고 출발지점에 도착했다.

저녁 11시쯤 도착하여 집에 들어가는 순간 아내가 기겁하며 깜짝 놀란다. "아니 이게 웬일이래! 이런 몸으로 어떻게 집에까지 왔어!"라며 응급실을 강력히 권유했다.

"살아있는 것만으로도 정말 감사한데 무슨 응급실이냐!"고 고집을 피웠다. 그러나 새벽에 몸에 이상함을 느껴 아내가 십선혈로 응급처치를 하니 기운이 다시 도는 듯했다.

간신히 아침에 일어나 몸을 가누지 못할 정도로 너무 아파 응급차에 실려 천안의 한 정형외과로 갔다. X-RAY를 찍기 위해 기구에 누우려니 정말 허리에 꼼짝 못할 정도로 통증이 왔다. 검사 결과 갈비뼈 4개가 부러져 있었다. 배낭이 완충작용을 했지만 떨어지는 충격이 너무 커 반대편 갈비뼈가 부러진 것이었다. 그런 것도 모르고 잠을 자다니, 무지로 고집을 피웠던 것이 얼마나 무모한 행동인가를 반성하게 되었다.

그 뒤 입원 생활을 하는 동안 아무리 생각해봐도 기적이 아닐 수 없었다. 살아 있는 것에 대한 감사 그리고 꿈에서 선몽으로 나타난 어머님 생각에 입원 3일 만에 부모님 산소를 찾아가 다시 태어나게 해준 것에 대한 감사한 마음을 가져 보았다.

　의사의 강력한 만류에도 불구하고 퇴원하여 근무 중 바로 앞에서 근무하던 교무보조원에게 안 하던 말을 자꾸 건네 와 '아~하' 교감 선생님이 만우절 날이라 농담을 하는 줄 알았다고 한다. 이상하다 싶어 보건교사가 발견하여 혈압이 200까지 상승하게 되어 천안의 한 한방병원에 다시 입원하게 된다.

　사고 후 하반신이 어혈로 인해 진한 자주색으로 나타났다. 그 후 어혈을 풀어주지 못하고 후유증 치료를 제대로 못해 혈압이 갑작스럽게 상승한 듯하다.

　입원하는 동안 유언장을 써보는 시간도 가졌다. 유언장 첫머리에는 가장 먼저 아내를 비롯한 자식들에게 미안함의 시작이었다. 새삼 가족의 소중함을 느껴보는 기회가 되었다. 다시 기적 같은 제2의 인생, 모든 일에 감사하며 아무리 어려운 역경과 고난도 행복으로 느끼면서 살아간다. 남에게 봉사하고 배려와 섬김 자세로 살아가겠다고 굳게 다짐도 해보았다.

수옥壽玉 장학회

얼마 전 우리나라 굴지의 항공회사 부회장이 땅콩회항사건과 최근에 불거진 M피자 회장의 영업점 횡포사건이 일어나 사회적 약자와 덜 가진 자들에게 큰 아픔을 주었다. 그리고 또 며칠 뒤 J제약회사 회장이 운전기사에게 심한 욕설을 한 갑질 논란 사건으로 '노블레스 오블리주'라는 단어를 생각하게 되며 온 국민이 성찰하는 계기가 되었다.

반면 경주 교동 최부자 집안 내력이 혹자들에게 지금까지도 회자되면서 칭송을 받는 이유는 무엇일까? "부자가 3대 못 간다."라는 말이 무색할 정도로 300여 년 동안 12대에 걸쳐 잘 살아간 최씨 집안이다. 이 집안은 가훈으로 육훈六訓과 자신을 지키는 기본적인 지침으로 육연六然이라는 큰 가르침을 후손들에게 반드시 실천에 옮기도록 하고 있다고 한다.

육훈 중 하나가 새 며느리가 최씨 가문에 들어오면 "3년 동안 무명옷을 입게 한다."는 것이었다고 한다. 이는 가풍으로 전해내려오는 철저한 근검절약 정신을 강조하는 가르침이었던 것이다. 또 하나는 최씨 가문에 내려오는 "사방 백 리 안에 굶어서 죽는 이웃이 없게 하라."는 가르침으로 춘궁기나 보릿고개 시절이 돌아오면 창고가 바닥날 정도로 몇백 석을 나누게 하여 어려운 빈민 구휼을 베풀어 다같이 헤쳐 나가게 했다고 한다. 이는 혼자서 잘 먹고, 잘 입고, 잘 사는 것이 인간의 삶에서 큰 의미가 없으니 나눔의 철학을 실천하는 최 부자 가문에 전해 내려오는 큰 가르침이었던 것이다. '행복 찾기' 글귀 중에서 몇 구절만 옮겨본다.

> 무엇을 얼마큼 가졌는가가 아니라 남에게 무엇을 어떻게 베풀며 살아가는가가 중요하다.
> 사회적 지위가 얼마큼 명성이 높았는가가 아니라 어떤 사람들과 더불어 살아가는 것이 중요하다.
> 좋은 고급 차를 타고 다니는 것이 아니라 많은 사람을 태우고 다니는 것이 행복을 찾는 비결이다.

그러나 나부터 쉽게 실천에 옮기고 있는지 고민하면서 반문하게 된다. 미국 작가 이니스 위튼은 "빛을 퍼뜨릴 수 있는 방법은 두 가지가 있다. 하나는 촛불이 되는 것이고, 또 하나는 그것을 비추는 거울이 되는 것이다."라고 했다. 우리 부모님께서는 교육에 대한 남다른 열정과 관심을 가지고 평생을 살아가셨으며 근검절약을 생활화하셨다. 특히 어머니께서는 주위 사람들에게 퍼주기를 좋아하셔 인심 좋다는 소리를 이구동성으로 들으며 살아가셨다. 이런 부모님의 가르침이 자녀들에게는 보이지 않게 나눔의 정신을 비추는 거울이 되었다. 부모님의 빛을 받들기 위해 동생들이 '수옥 장학회'를 발족했다고 한다. 집안 형제들도 모르게 9년 동안 이루어진 선행이 고향 어귀에 홍동중학교 동창회 측에서 장학회장 이취임식(동식: 초대회장)을 한다는 현수막을 보고 알게 되었다. 지금도 본인들은 쑥스럽고 자랑할 만한 일이 아니라고 감추고 있지만 고귀한 삶을 살다 가신 부모님 성함이 들어간 장학회라 조심스럽게 소개하고자 한다.

수옥 장학회 태동은 홍동중학교 1회 졸업생인 동식이가 주축이고, 세 형제(동식 1회, 동승 3회, 동연 11회)가 의견 합치가 되어 계획한 것이다. 그리고 어머님의 돌아가신 1주기를 맞이하여 2009년에 장학회를 발족하게 되었다. 수옥 장학회 발족 취지는 존경하는 부모님께서 자녀 교육을 위해 평생을 숭고한 삶을 살다 가신 유지를 받들기 위해 조그마하게 시작되었다. 매년 모교 동문체육대회 개최 시 학교장의 추천을 받아 가정형편이 어려우며 장래가 촉망되는 후배 3명에게 장학금을 기증하고 있다. 이렇게 시작한 수옥 장학회가 모태가 되어 현재는 '반딧불이장학회'로 발전하여 기십억의 장학회 모금으로 모교 발전은 물론 지역사회에 아름다운 기부 문화가 확산되어가며 좋은 반응을 보이고 있다. 이러한 선행에 먼 곳에서 내려다보시는 부모님께서 잔잔한 미소를 띠고 있을 것으로 생각되어 동생들이 정말 훌륭하고 대견스럽다.

동생들이 조그마하게 나눔을 실천하는 뒷모습이 아름답게 다가와 나를 뒤돌아보는 마음으로 어느 노스님의 말씀을 옮겨

본다. "재물은 분뇨(똥거름)와 같아서 한 곳에 모아 두면 썩어 악취가 나니 골고루 사방에 뿌려야 거름으로 사용된다."라는 말씀이다. 그 말씀이 가슴에 깊게 와 닿는 시간이다.

아버지의 소중한 유산

제가 이사를 가면서도 빼놓지 않고 챙기는 물건이 있습니다. 아버님의 정성과 숨결이 살아 숨 쉬는 소중한 보물처럼 생각하는 것이기 때문입니다.

관악구 봉천동에 처음으로 신혼 살림집을 마련했을 때 추운 방이지만 아버님이 먼저 하루를 주무셔야 한다면서 소금을 잔뜩 뿌려 집에 있는 나쁜 기운을 다 내보낸 후에 정성스럽게 준비해 오신 소코뚜레를 벽에 걸어두셨습니다.

시골에서 소가 큰살림 밑천이듯이 새로 시작하는 집에 많은 복이 들어오기를 기원하시며 걸어두시는 모습이었습니다. 이런 바람을 말로써 표현하지 않으시는 성격이시어 아버님의 바람을 마음으로 느끼며 가슴속에 담아두게 되었습니다.

그리고 또 하나의 소코뚜레가 저희 집에 전해지고 있습니다. 서울에서 공부를 마치고 거제도로 이사 가게 되었을 때입니다.

오랫동안 아버님과 삶을 같이해 온 소를 파시고, 바로 그날, 저희 집 이사하는 날 서울로 올라오셨습니다. 1997년도 10월이니까, 아버님께서 돌아가시기 3년 전이고, 아버님 69세 때 같습니다. 편찮으신 어머님은 인천 작은 누나네 영화 연립에 계실 때로 기억됩니다.

소를 키우기가 힘이 들기도 하시고, 어머님 병원에 가실 때마다 소여물 걱정을 없애기 위해 소를 파셨던 같습니다. 그리고 막내가 서울에서 거제로 이사 가는데, 소여물을 걱정하지 않고 홀가분하게 같이 따라갈 수 있게 되어서 "막내야! 소를 파니까, 너무 편하다?"는 말씀을 하신 것 같습니다.

거제에 도착했을 때 이삿짐이 집에 들어가기 전에 꼭 할 일이 있다고 하시면서 가방에 소중하게 싸 가지고 오신 소코뚜레를 방에 걸어주셨습니다.

지금은 우리 곁에 계시지 않은 아버님이지만, 자식 사랑에 대한 소중한 유산으로 생각하며 이사 다닐 때마다 가장 먼저 챙기는 하나의 가보가 되었습니다.

아버님의 소중한 유산을 보게 되면 아버님이 더욱 그리워지고 자식 사랑에 대해 감사의 마음으로 목이 메입니다.

고맙습니다. 아버님!

이동연_막냇동생(수옥카페에서 발췌)

워낭소리

토요일 늦은 밤 SBS를 통해 워낭소리를 보았습니다. 영화 보면서 내내 아버님 생각이 나 많이도 울었습니다. 영화 속의 할아버지에게서 아버지의 모습이 똑같이 떠올랐습니다.

평생을 논밭 갈고 소를 이용해서 농사만 지으시던 아버지가 더 이상 키울 힘이 부쳐서 키우시던 소를 내다 파시고 서운해하시던 모습이 기억나서 많이 가슴이 무거워지기도 했고요.

평생을 소와 함께 한 아버님, 논밭에서 평생을 고생하신 아버님이 있어 지금의 우리가 있다고 생각하니 너무나 감사할 따름입니다.

아래 사이트를 소개합니다.

- http://blog.naver.com/warnangsori
- http://www.maxmovie.com/movie_info/detail_still.asp?m_id=M000057397&menu=3

(수옥카페에서 발췌)

하나님 사랑

요즘 유행하는 노래 '백세 시대'의 "백 세에 제 세상에서 날 데리러 오거든 좋은 날 좋은 시에 간다고 전해라"라는 가사가 전혀 어색하지 않을 정도로 백세 시대라는 표현이 보편화되었다. 따라서 누구나 앞으로 백 세까지 살아갈 수 있다는 자신감과 희망을 가져다주는 메시지임에 틀림이 없다. 그러나 건강관리와 노력이 있어야 '건강한 모습'으로 백 세까지 살아갈 수 있을 것이다.

건강 생활의 요소에는 여러 가지가 있겠지만 중요한 것으로 당신의 믿음 생활(정신 건강), 생활습관, 식습관, 유전 요인 등을 꼽을 수 있다고 생각된다.

우리 장모님은 90세를 바라보는 연세에 물론 육체적으로 불편하고 편찮으신 적도 있었지만 연세에 비해 정정하시고 건강하셔서 아직은 식사를 손수 챙겨드실 수 있으니 건강한 편에 속하신다. 평소 자기관리를 철저히 잘하시고 소식하시며 욕심을 부리지 않고 매사 긍정적인 사고를 가지고 살아가시지만 가장 큰 요인은 하나님의 말씀에 순종하며 천국에 소망을 두시는 믿음 생활에서 찾을 수 있다고 생각하는 데 의심의 여지가 없다.

요즘 종교라는 탈을 뒤집어 쓰고 종교의 이념과 정신 또는 교리에 맞지 않게 이탈되어 사회의 큰 충격과 물의를 일으키는 사례들을 종종 접하게 된다. 믿음 생활을 제대로 하시는 분에게는 모욕적이고 눈살을 찌푸리게 하는 경우가 있다.

그러나 우리 장모님께서는 기독교장로회 권사라는 하나님께서 주신 귀한 직분에 걸맞게 희생과 사랑으로 모범을 보이시며 이웃을 내 몸과 같이 사랑하시며 살아가신다. 그 모습은 아직 하나님을 잘 모르는 사람이지만 가까이 지켜보는 사위로서 정말 존경스럽다. 얼마 전까지도 눈이 오나 비가 오나 반드시 새벽기도를 나가셔서 가족과 이웃들을 위한 기도로 하나님과 교감하면서 은혜롭고 귀한 하루하루를 신명 나게 열어가셨다.

지금은 거동이 좀 불편하신 이유로 새벽기도에 나가시지는 못하지만 언제 어디서나 만날 수 있는 하나님과의 교감에는 전혀 소홀함 없이 댁에서 기도와 찬양하시며 주일예배에 대한 기대감과 함께 감사헌금, 십일조 등 드릴 수 있음에 대한 감사함과 설렘으로 하루하루를 은혜롭게 열어가신다.

"내가 굶주릴 때에 너희가 먹을 것을 주었고 목마를 때에 마시게 하였고 나그네 되었을 때에 영접하였고(마태복음 25장 35절)."라는 말씀과 "새 계명을 너희에게 주노니 서로 사랑하라 내가 너희를 사랑한 것같이 너희도 서로 사랑하라(네 이웃을 내 몸과 같이 사랑하라: 요한복음 13장 34~35절)."라는 말씀처럼 평생을 사랑과 희생으로 낮은 사람을 먼저 섬김으로써 주변 사람들에게 하나님의 복음을 몸으로 들려주고자 가난하고 낮은 사람들에게 더욱더 사랑을 베풀며 살아가시고 있다.

물건을 사실 때나 무엇인가의 값을 지불할 때도 장사하시는 분들은 힘들게 돈을 번다는 고생스러움에 대한 애틋함과 사랑의 마음으로 값을 깎는 경우가 없고 하물며 얼마의 웃돈을 주시는 경우도 많으시다.

"화평케 하는 자는 복이 있나니(사도행전 10장 36절)."라는 말씀을 마음에 새기시고 남에게 평생을 싫은 소리 한 번 안 하고 화평케 하라 하신 하나님의 말씀을 지키며 사신 것에 경의를 표하고 싶다. 또한 예수님께서 고통 가운데서 뒤를 돌아보시며 나를 위해 울지 말고 너와 네 자녀를 위하여 울라고 하신 말씀처럼 마땅히 부모의 역할을 다하시며 눈물로 무릎 꿇고 자녀들을 위해 평생 동안 기도하시는 장모님을 생각하면 사랑하지 않을 수 없다.

장모님! 사랑합니다.

천사 같은 우리 장모님

30여 년을 넘게 가까이에서 지켜본 우리 장모님은 아직까지도 소녀같이 순수하시다. 게다가 고귀하고 훌륭한 인품을 가지고 나눔과 베풂으로 평생을 살아가시는 것을 볼 때 천사같이 아름다운 분이라 한다면 과찬의 표현일까? 평생을 한결같은 마음으로 주위 사람과 낮은 사람에게 배려와 사랑, 형제지간의 우애를 지키려는 마음, 자녀들에게는 끝없는 사랑을 베풀면서 곱게 곱게 익어가고 계신다.

　19살 어린 나이에 세 살 위의 남편에게, 9급 공무원 면서기 부인으로 양친 부모님의 강력한 권유로 맞선도 보지 않은 채 꽃가마를 타고 시집을 온다. 대천 은포리 바닷가 대주주 부잣집 외동딸로 자란 터라 시집오실 때까지 손수 밥 한 번 짓지 않고 시집이라고 와 보니 그리 만만치 않았다고 하신다. 시아버지는 자유당 시절 도의원으로 출입이 잦아 모시고 오는 손님이 많아 접대할 일도 많았고, 기와 공장을 운영하여 일꾼들의 끼니를 챙겨주는 일이 그리 쉽지만은 않았다고 하신다.

　마치 당신이 굳게 믿으시는 주님의 말씀 "인자가 온 것은 섬김을 받으려 함이 아니라 도리어 섬기려 하고 자기 목숨을 많은 사람의 대속 물로 주려 함이니라(마가복음 10장 45절).”를 실천하셨다. 몇 해를 두고 얼굴 한 번 붉히지 않고 오신 손님들과 집안 어른들을 잘 섬겨 시아버지 마음에 쏙 들었는지 작은 며느리로서 제사를 모시게 되었다. 시아버지께서 유언으로 “난 은포리 댁한테 제사를 얻어먹고 싶다.”라는 말씀에 살아오시면서 기독교 권사 직분을 가지고 정갈하고 정성스럽게 섬김의 마음으로 제사를 모시는 것이다.

　또한 형제들 간에도 우애를 나누고 형수로서 도리를 다하고자 “우리가 말과 혀로만 사랑하지 말고 오직 행함과 진실함으로 하자(요한일서 3장 18절).”라는 가르침을 실천하며 평생을 살아오셨다. 시동생이 장가를 갈 때 예복 걱정을 하는 것을 듣고 선뜻 친정 부모께서 해주셨던 아끼던 금가락지를 팔아 시동생 예복으로 양복 및 코트를 맞추어주셨다고 한다.

　장인어른이 돌아가신 뒤에도 혼자서 양파·마늘·감자·고구마·고추 등 농사를 지어놓고 형제 동서들에게 먼저 수확을 해가라 하신다. 이렇게 가족뿐만 아니라 장모님께서 주위 사람들에게 나눔과 베풂의 삶에 대하여 들은 이야기와 내가 결혼 후 보고 겪은 따듯한 사연들을 더듬어본다.

　얼마 전 가족과 함께 광천에 있는 ‘그림이 있는 정원’에 나들이를 갔었다. 그때 정원을 매시던 할머니와 대화를 나누다 보니 공교롭게도 장모님 이야기가 나와 당신이 그릇 장사를 할 때 점심

끼니 때가 되면 찾아가 푸짐하게 대접을 받아 허기진 배를 채우는가 하면 무거운 짐까지 매번 덜어주셨다고 한다. 늘 고마움을 잊지 않고 살아가는데 그분의 딸을 만나서 반갑다면서 눈시울을 붉혀가며 나눈 대화를 통해 언제 어디서나 낮은 자세로 누군가를 섬기는 당신의 모습으로 인해 우리 자손들이 높임을 받았던 일로 기억된다.

또한 "수고하고 무거운 짐 진 자들아 다 내게로 오라. 내가 너희를 쉬게 하리라."라는 구절처럼 베푸셨다. 마음이 무거운 짐 진 자들뿐만 아니라 꿀 장사, 보따리 장사들이 양지 뜸 기와집(처가)에 가면 따뜻한 음식을 먹을 수 있다는 소문에 많은 보부상의 편안한 안식처가 되었다고 한다.

추수의 계절이 지나 새벽 교회에 나가실 때는 어려운 가정에 쌀 한두 말을 살그머니 대문밖에 갖다놓으시고 교회로 달리셨다. 또한 아랫집에 들어와 살던 성춘(실명)이 엄마는 무엇이 그렇게 고마웠는지, 장모님을 부모님처럼 생각하면서 은혜롭게 정을 나누며 지금까지 오가는 딸이 되었다.

"곳간에서 인심 난다."라는 옛말이 있듯이 결혼 2년 후 장인어른 회갑연에 손수 잔치음식을 푸짐하게 준비하셔서 며칠 동안이나 주위 분들과 정을 나누는 것을 보고 넉넉한 인심에 훈훈함을 느꼈다.

노년에 가장 무서운 병이 외로움이라고 하는데 세상에 공짜는 없다는 진리처럼 장모님께서 주위에 사람이 많아 외로움을 덜 느끼며 사시는 것이 좋아 보인다.

고향에서 친분을 나누었던 분들이 하루가 멀다하게 전화가 오는가 하면, 손수 생산한 농수산물 등을 보내오기도 하고 최 권사님 같은 분이 어디 있느냐고 은공을 잊지 못한다며 방문하여 정을 나누는 분들이 노년의 외로움을 달래드리고 있다.

"효자는 부모가 만든다."라는 말이 있듯이 자식들이 그릇된 행동이나 잘못하는 것도 모두 덮어주시며 입술로도 죄를 짓지 않게 부정적인 말을 하시는 것을 들어본 기억이 없다. 주위 분에게 늘 자랑만 하고 살아가시는 것이 그리 쉽지 않을 듯싶다.

장모님을 모시고 옛날을 생각하면서 살아오신 정취를 느끼시라고 산골 길을 모시고 다니는 것뿐이고 평생을 은혜만 입고 살아간다고 생각하는 데도 오히려 장모님께서는 말씀마다 "우리 사위 같은 사람이 어디 있냐." 하시며 늘 주위 분에게 사위를 높여주신다. 그런 극찬의 말씀을 들을 때마다 잘해드리지 못해 미안한 마음을 갖게 된다.

밀알 한 알이 땅에 떨어져 썩지 아니하면 그냥 한 알 그대로 있고 그것이 썩으면 많은 열매를 맺으리니 옳고 선한 일을 위하여 죽어도 두려워하지 않으시듯, 여태까지 당신이 남들에게 베푼 공덕은 잊어버리시되 남에게 은혜를 입은 것을 절대 잊지 않으셨다. 평생의 나눔과 베풂의 삶으로 그분의 노년이 은혜롭고 풍성하게 익어가고 있는 모습을 볼 때면 잠시 세상에 나온 천사의 모습으로 보인다.

장모님과 인터뷰

나의 장모님은 아흔을 바라보고 계시다. 평소 표현을 잘 안 하시는 모습에 생각과 사려가 깊으실 것이라 기대했었다. 서로의 마음을 깊숙이 들여다보는 소중하고 감사한 시간을 통해 살아오신 삶의 궤적들을 생생하게 실타래처럼 술술 풀어내시는 당신의 삶에 대한 회고를 기대하였다. 그러나 이내 그렇지만은 않은 장모님의 모습을 뵈니 뭐라 표현하기 어려운 먹먹함이 밀려 들어왔다.

"흐르는 세월 앞에 장사 없다."라는 말처럼, 장모님에게도 미미하지만 반갑지 않은 치매라는 손님이 찾아온 듯싶어 먹먹하다. 무거운 마음을 안고 이런저런 이야기들로 추억들을 반추해보기 시작했다.

장모님께서는 지금까지 가장 행복했던 시간은 언제셨어요?
고생을 너무 하고 암울한 시간이라 딱히 별로 없으나 그래도 그런 삶 속에서도 나를 위로해주고 사랑해주시는 주님을 믿고 그 은혜로 살아온 것이 행복했지. 할렐루야! 아멘!

장인어른과 만나 결혼하게 된 계기는 무엇인가요?

결혼 후 보니 시아버지 되는 분이 갑자기 오셔서 나에게 잔심부름을 시켜가며 지켜보다 가시곤 하다가 그분 마음에 들으셨는지 친정집 같은 곳에서 자란 규수를 내 며느리로 삼겠다고 맞선도 보지 않은 채 꽃가마를 타고 시집 왔지.

한글도 다 아시고 일본말도 잘하시는데 어떻게 배우셨나요?

한글은 친정아버지께서 손수 가르쳐주셨고, 일본말은 송학보통학교 2년 동안 다닐 때 우리 글은 가르쳐주지 않고 일본말만 배웠지. (말씀이 끝난 후 구구단을 일본말로 줄줄 외우고 계셨다.)

6·25전쟁을 겪으면서 생활을 하셨는데 그 당시 상황은 어떠셨나요?

장인은 군대에 안 갔고, 그리 피해는 크지 않았는데 가끔 폭격기가 포격해 야산이 움푹움푹 패었고 낮이면 어른 남자들은 뿔뿔이 숨어 지내는 것을 보았지! 한마디로 무서운 세상이었어!

우리 장인어른은 어떤 분이셨나요?

뚝재비(말이 없음을 표현한 단어)였지. 말이 없고 무뚝뚝하여 평생을 국밥 한 그릇 사준 적 없고, 여행 한 번을 데리고 다닌 적이 없는 양반이여, 회갑 기념으로 큰 며느리가 제주도를 보내주었는데 그곳에 가서도 말 한마디 안 하던데 뭐! 그런 것이 너무 서운하고 아쉽지 뭐!

장인어른께서 일찍 돌아가시고 혼자 대천 관창리 양지 뜸에서 오랫동안 농사일까지 해가며 사셨는데 어떻게 살아가셨나요?

저녁때가 되면 남자 어른이나 사람이 있는 것처럼 하려고 헌 구두를 내놓은 것이 일이었지. 하나님과 동네 분들이 없었으면 못 살았지 뭐! (눈물을 글썽이신다.)

자식들 때문에 가장 행복을 느꼈던 시간은 언제세요?

자랑스러운 큰아들이 한국 ○○공사 ○○본부장 재임 시절 서해대교를 건설하고 마무리할 때 TV와 신문에 자주 오르내릴 때였지. (머리 뒤편에 걸린 사진을 가리키셨다.)

그럼 자식들 때문에 속상하고 힘들었던 시간이 있나요?

(고개를 설레설레 흔들며) 없지.

4남 1녀 중 막내인 저의 안사람, 딸에 대하여 어떻게 생각하시나요?

(두 손바닥을 위로 떠받치며) 난 이렇게 생각하지! (어렸을 때부터 아팠던 일, 손수 옷을 만들어 입혔던 일 등 이야기가 끊이지 않으셨다.)

지금의 소원은 무엇인가요?

(고개를 떨구시며) 걸어서 마음대로 다닐 수 있는 것이지 뭐 있나! (수년 전 뇌경색으로 걸음이 자유롭지 못하시다.)

사람은 누구나 죽게 되는 운명인데, 장모님은 죽음을 어떻게 생각하시나요? (갑자기 내 손을 머리 위에 올려 만지게 하면서 눈물이 글썽이신다.) **하나님께 기도드리면서 편안히 천국 갈 것 같어!** (머리 위 정수리 쪽에 볼록하게 부어올라 있는 멍울 때문에 가슴이 너무 아팠다.)

　　서로의 따뜻한 정을 나눌 수 있는 계기가 되었고 장모님과 추억을 되짚어볼 수 있었다. 인터뷰를 마치고 나니 도저히 집으로 올 수가 없어 하룻밤을 같이 보냈다. 그리고 그 시간은 장모님의 건강상태뿐만 아니라 장모님께서 살아오신 그간의 발자취에 조금이나마 가까이 다가설 수 있는 귀한 시간이 되었다.

어느 부모의 희생과
아름다운 삶을 다시 한 번 생각하며

행복과 불행은 크기가 미리부터 정해진 것이 아니며, 사람의 마음가짐에 따라서 행복을 만들 수 있다는 것을 생생히 느끼고 있습니다. 한 시골 농부 채소장사가 올곧은 마음과 큰 용기와 노력으로 7남매를 자랑스럽게 키워 성공시킨 이동권 교장선생님의 부모님에 대한 긍정적이고 숭고한 삶이 너무도 감동스럽고 그분들의 삶이 존경스러워 글을 남기고 싶어집니다.

이 세상에 크게 이름을 남겨주신 부모님으로 이제는 자녀 걱정하지 마시고 하늘나라에서 편안하시게 잠드시길 빕니다. 이젠 그 자녀들이 모두 행복한 삶을 찾아 노력하면 행복한 결과를 이끈다는 부모님의 지혜를 얻어 행복한 가정에 살고 있어 모두 박수를 보내고 있습니다.

가난의 굶주림과 피나는 고통 속에서도 오직 자녀 교육이라면 맨발로 뛰신 훌륭한 부모님의 '희생으로 아름다운 삶'을 일구어낸 두 분의 성공담을 조심스럽게 세상에 자랑하고 싶네요.

어느 부모인들 자식을 위해서라면 목숨같이 아끼고 보살펴 왔겠지만 뜻대로 되지 않은 것이 '자식 농사'라는데 한결같이 자녀교육에 열정을 쏟으신 모습을 보고 그분들의 인간애를 다시 회상해봅니다. 없는 살림살이에 피와 땀으로 자녀들을 성공시킨 헌신이야말로 많은 분의 귀감이 되고 남습니다. 훌륭한 부모 밑에서 훌륭하게 성장하여 효성을 다해주신 7남매들에게도 찬사를 드립니다.

부모님께서는 춥고 배고프던 시절 내 고장에 오신 선생님들을 하늘같이 존경하는 후덕한 인심으로 소풍날이면 혼자 산에 올라가기도 힘든 산꼭대기를 고무다라에 전교 선생님들의 점심을 머리에 이고 한 번 언덕에 올려놓고 또 한 번 길모퉁이에 올려놓고 마라톤식으로 세 다라를 운반하셨다는 정성이야말로 학부모와 선생님들 사이에 지금도 잔잔한 감동으로 이어지고 있습니다.

우리 고장에 근무하신 선생님들은 모두 그분들의 자녀교육에 대한 열정에 감동받았습니다. 그 부모님은 가난 속에서 자식을 가르치기 위해 새벽부터 밤늦게까지 30리 길을 걸어서 채소 장사로 자식을 성공시키셨죠. 모두 존경을 표합니다.

시장에서 고달프게 채소 장사하면서도 어려운 사람을 배려하며 조금의 이익만 남기고 후한 인심 덕분에 손님들이 끊임없이 많았습니다. 그런 고통 속에서도 늦둥이로 막내아들을 낳아, 시장에서 동냥젖을 얻어 먹인 아들이 열심히 사시는 엄마의 교육에 감동받아서인지 머리가 명석해서인지, 서울대학교에 합격해 홍성지역민들을 깜짝 놀라게 했죠! 지금은 늦둥이가 국가에 큰 인재로 열심히 활동하고 있고, 두 형제는 교직에서 리더로, 두 형제는 금융계에서 리

더로, 또한 따님들은 모범가정을 이루어 잘 살아가고 있습니다. 부모님의 긍정적인 삶을 거울삼아 한결같이 사회에서 각자의 도리를 하는 자녀분들께 진심으로 축하드립니다.

특히 이동권 교장선생님은 천안노인대학에 수차례 방문하여 효성스럽고 정성어린 마음으로 떡과 음료수, 과일 등을 몸소 대접하며 힘과 용기를 드리는 강의로 큰 위로를 드리고 계십니다. 그래서 가끔은 노인대학생들이 똘똘하고 눈이 반짝반짝하는 교장선생님 언제 오시느냐고 기다릴 때가 많습니다. 이동권 교장선생님이 직접 사랑을 실천하고 나눔에 하늘나라에 계신 부모님께서 보시고 흡족해하실 것으로 생각됩니다.

부모님의 가정교육은 "열 사람의 스승보다 낫다."는 말이 있듯이 그 자녀들은 부모님의 피와 땀을 보고 성공하였습니다. 오늘날 교육 현장에서는 물질문명의 만연으로 풍족하지만 부모의 가정교육 부재로 부모 공경, 효, 스승 존경 등 인성교육이 무너져 큰 사회 혼란이 오고 있어 매우 걱정됩니다. 이런 모범적인 가정의 사례를 통해서 각자의 자기 발전을 위해서 관심과 배려로 사회에 봉사하고 기여하는 올바른 가정이 되기를 간절히 바라는 마음에서 부족한 글을 남겨봅니다.

이병미_대한노인회충남연합회 직할노인대학장, 고향 선배, 전 교장

2부

가슴에 담고 싶은 교단 일기

선생님! 나두 피나유

교육대학을 졸업하고 발령 대기자가 많아 2년 2개월 동안 부모님 눈치를 보다가 받은 발령 소식은 오랜 가뭄 끝에 내린 단비 이상으로 희소식이었다. 1978년 초록이 온 세상을 덮은 싱그러운 5월에 버스 뒤꽁무니가 뿌연하게 가려오며 덜컹거리는 비포장의 신작로에 이불 보따리를 싸 가지고 시골 버스에 몸을 실었다. 광천을 지나 은하국민학교에 교정에 도착하니 정말 내집과 같이 정겹고 포근하게 느껴졌다.

운동장에서 재잘거리는 학생 한 명 한 명 누런 이를 드러내며 웃는 모습은 천진난만했다. 착한 학생들로만 눈앞에 서성거린다. 훌륭한 교육자가 되겠다고 굳은 각오와 신념에 차 있었지만 그야말로 커다란 교육이라는 명제 아래 선생님의 이름표를 달고 학생들에게 선다는 것이 두렵기도 하여 떨리는 마음으로 첫발을 내디뎠다. 말로는 열정적으로 혼신을 다하려는 마음이었지만 교육자로서 가져야 할 진정한 교육애도 부족하고 학습 지도방법도 잘 모르고 또한 생활 지도에 많은 어려움을 느끼며 어렵게 시작한 지가 엊그제 같은데 벌써 40여 년이란 세월이 흘러 지나온 발자국 한

걸음 한 걸음을 조용히 성찰을 하게 되는 시간이 되었다.

교단 교사로 28년 동안 9개 학교를 거치면서 무려 850여 명 학생들이 배움 아래 지나갔다. 흔히 "교원은 있으나 스승은 드물다. 학생들은 많으나 제자는 없다."라는 말을 생각하게 되는 시간이다. 그 수많은 제자에게 선생님 이름이 어떻게 어떤 모습으로 남아 있을까? 고민과 걱정이 되는 대목이다. 앞모습은 허상이고 뒷모습이 실상이라는데 솔직히 뒷모습이 더 걱정된다. 헨리 애덤스의 "선생님의 영향력은 무궁하다. 그 영향력이 어디서 끝날지는 아무도 모른다."라는 말을 생각해보며 자숙하게 된다.

선생님이라는 허울 좋은 미명 아래 위선자로 남아 있지는 않을까? 어떤 학생에게는 가증스러운 교사상으로 비춰지지 않았을까? 매를 많이 때리는 시절이라 폭력교사로 남아 있지는 않은지? 가슴이 짓눌려 오기도 한다. 교직을 선택한 이유 중 하나가 가장 도덕적 우위에 있는 가치인 '편애하지 않는 교사'로 시작했다. 조금 덜 알고, 조금 덜 가진 자에 대한 내 태도를 학생들은 지금 어떻게 평가하고 있을까?

지금에서야 "애들아! 애들아! 얘기 할 것 있으면 모두 실컷 털어내보자."라고 시간과 말길를 열어두고 싶어진다. 평생을 지킨 교직 생활에서 수많은 사연의 희로애락이 파노라마처럼 스쳐지나가고 있다.

초임 시절 전 교원들이 있는데 공개수업 시 긴장하여 앞이 하나도 안 보일 정도로 긴장하던 생각을 하면 지금도 떨려온다. 여름방학에 물놀이하다가 급류에 휩쓸려 한 번에 모두 익사한 자매, 그 부모님이 애끓게 울부짖는 소리가 지금도 생생하다. 자녀가 도벽성이 있다는 소문이 돌자, 담임을 오해하여 큰 몽둥이를 들고 교무실로 쫓아와 언성을 높였던 사건도 있었다. 정말 어려운 학생의 가정을 들여다본 후 학생의 가정환경을 이해하게 되어 교장 선생님과 함께 후원 지도대책을 수립하기도 하였다. 졸업 후 S대에 합격했다고 선생님의 덕분이라며 제일 먼저 부모님과 함께 찾아와 넙죽 절을 하던 학생은 지금 어떻게 성장하였을까? 궁금도 하다.

중학교 진학 반 편성 배치고사에서 관내 중학교마다 우리 반 학생이 수석을 차지하였다고 졸업식에서 학부모들은 기쁨을 감추지 못하고 있었으나 암기와 주입식으로 한 줄 세우기 교육만 강조하던 모습이 마냥 부끄러워진다.

자기 고집을 굽히지 않는다고 강하게 폭력을 가했던 사연이 마음에 걸려 남아 있을 뿐만 아니라 무심코 던진 말이 언어폭력이 되어 영영 지워지지 않는 상처로 남아 있지는 않은지 걱정이 되는 대목이다. 가을 운동회 준비 기간 중 짝체조 지도교사로 얼차려 기합과 체벌을 가했던 것들이 잘못된 그림으로 남게 되었다. 이렇게 숱한 사연 중 특별히 지금 그 학생들도 상처의 흔적이 남아 있지 않을까? 걱정되어 솔직히 고해성사하고픈 사연이 하나 있다.

첫 발령을 받아 아무것도 모르고 허둥지둥 학생들을 지도할 때 이야기다. 대만이가 일요일 날 동산에 올라 작은 고목 뿌리를 깎고 다듬어 담뱃대 모양의 회초리를 만들어온 것을 무심코 뺏어서 가장 떠드는 분단이라며 앞에 있는 학생부터 '똑, 똑, 똑.' 하며 분단 끝까지 5명을 머리 정수리 부분을 때려나갔다.

앞으로 와 교단에 서려니 앞에 있는 학생부터 "선생님! 나 피 나유!" 몇 초 시차를 두고 한 학생이 "선생님! 나두 피나유!" 또 한 학생이 "선생님! 나두 피나유!"라고 하며 끝에 있는 학생까지 모두 손바닥에 묻은 피를 내보인다.

"와! 큰일이네! 이거 어떻게 하지."

그 순간 정신이 하나도 없었다. 학생들 머리를 뾰쪽한 나무뿌리로 때려 다섯 명이나 머리를 터뜨렸으니! 고민 끝에 해결책으로 양호실로 뛰었다. 미안한 마음을 갖고 빨간약(머큐로크롬)과 지혈제를 가져다 머리에 얹고 바르니 심한 상처가 아니라 쉽게 멈추었다. 하교 전 한 학생씩 불러 선생님의 잘못을 사과하고 부모님께 드리는 사과편지를 전해주었다.

시대 상황이 지금과 달라 선생님을 신뢰하고 이해하며 넘어갔지만 지금 같으면 언론에 "와 이런 선생이 교단에 선다." 하며 대서특필되고 중징계 이상 죗값을 치러야 할 큰 사건임은 물론 교직 생활 중에서 가장 가슴에 남아 있는 사연으로 자리하고 있다.

"애들아! 정말 미안하다."

열정의 촛불을 켜다

과학 주임을 맡고 있던 선배 교사에게서 "이 선생님, 모형항공기를 한번 지도해보지요?"라는 주문에 별로 고민 없이 대답하고 나니 큰 걱정이 앞섰다. 왜냐하면 모형항공기 지도에 문외한이고 지도방법도 모르고 지도자료 또한 없었다. 그러나 학생들은 모형항공기에 대하여 많은 관심을 가지고 있었으며, 즐거워할 분야임에 틀림이 없었다. 손수 제작한 모형비행기가 창공을 나는 자체를 즐거워하고 있었다.

 방과 후를 이용해 지도에 임하니 시간도 부족하고 날리는 공간도 협소하여 지도에 걸림돌이 되었다. 일요일을 이용하여 제작한 비행기를 오토바이로 혜전대학 운동장 및 예비군 훈련장까지 한 명 한 명 실어나르니 도착하기도 전에 비행기가 많이 부서져 지도에 어려움이 많았다. 다행히 모범택시를 운영하는 학부모가 도움을 주셔서 원정 거리까지가서 연습을 하게 되었다.

 모형항공기 지도 요소에 바람의 세기 및 제작의 정교성, 날개의 각도, 고무동력기 분야는 고무줄의 탄력성 및 동력의 세기, 글라이더 분야는 견인 줄의 길이와 높이 또는 견인의 빠르기도 관계가 있다고 본다. 그러나 가장 중요한 것은 많이 만들어보고 띄워 보는 것으로, 시행착오를 겪는 경험이 큰 변수로 작용한다고 생각되었다.

학생들과 함께 이리 뛰고 저리 뛴 결과 시군대회 및 도 대회에서 금상을 받아 한강고수부지에서 개최되는 전국과학경진대회 모형항공기 분야에 2년 연속 참가하게 되었다. 이때 참가 학생들이 자신감과 성취욕을 가지고 도전하는 자세가 돋보였다.

그 후 1996년도에 천안으로 임지를 옮기게 되어 소문에 꼬리가 달려 과학 업무를 맡게 되었다. 이러한 지도 경험이 큰 바탕이 되어 과학상자(지금의 기계 과학 창작대회)조립대회 지도를 하게 된다. 학생 선발에 있어 의욕과 관심이 많은 학생으로 선발하여 토요일 오후나 일요일을 반납하며 과학실 불을 늦게까지 항시 밝혔다.

학생들은 열심히 하려 하나 지도교사로서 지도방법과 지도기술에 부족함을 느껴 일요일이면 승용차에 여러 명을 싣고 과학상자 지도에 노하우가 있는 고향 친구 명노학 교사가 근무하는 홍성 금마초로 달렸다. 학교 개교기념일을 택하여 기차를 타고 영등포구에 있는 과학상자 본사를 해마다 방문했다. 본사에 방문하면 특별한 대우를 받게 된다. 과학상자를 선물로 받아가며 전년도 우수작품들을 쉽게 복제할 수 있으니, 한마디로 대박이었다. 학생이 원하는 한 가지 기능을 익히기 위해서 수소문 끝에 안면도 만리포 고등학교에 진학한 학생을 일요일에 찾아가 기능을 전수받아오기도 했다.

　이런 지도 결과로 시군대회에서 해마다 3개(과학상자 2부, 과학상자 3부, 종합부) 부문 석권을 하게 되어 학생들과 함께 나눈 성취감과 희열감이 늘 가슴에 감동으로 남아 있다. 도 대회를 거쳐 전국대회에 첫 출전을 해 대상을 받은 권순일 학생 이름으로 과학상자 카탈로그에 작품 사진이 기재되기도 했다. 이어서 3년 연속 전국대회에 출전하는 영광을 얻었다.

　해가 거듭할수록 먼저 시작한 선배가 후배들을 가르쳐나가 쉽게 대회에서 우승하고 해마다 독보적으로 대회를 휩쓰니 동료 교사들이 '과학을 잘하는 사람'으로 칭할 때마다 정작 "나는 드라이버도 못 쓰나 열정만 있을 뿐이다."라고 답했다. 다른 것을 생각하지 않는, 오로지 한 곳을 향해 가는 단순함에서 생기는 에너지가 열정이라고 생각한다. 앨버트 허바드는 "전심전력으로 일에 매진하라, 그러면 경쟁상대가 별로 없어 쉽게 이룰 것이다."라는 명언이 생각난다.

　그 후 과학 상자를 열심히 했던 권순일 학생과 이동기 학생이 기계공학과를 전공하여 관련 직종에서 열심히 근무하고 있다. 그 것이 큰 보람이다. 청소년 과학경진대회 지도에 오랫동안 임한 것이 세상에 공짜는 없다는 진리처럼 큰 보상으로 다가와 교직 생활 중 자부심과 보람을 느끼며 가치 있는 일로 기억되고 있다.

　지도 담당자를 다른 교사의 이름으로 바꿔 출전하여 도 교육감상을 여러 명 수상토록 해주어 인사이동에 큰 도움을 주었다.

또한 다른 선생님에게 지도한 작품이 전달되어 또 다시 교사인 제자에게 전수되어 전국대회에서 우승의 영광을 안게 되었다. 이런 결과로 행복한 기쁨을 함께 나눈 적도 있다. 과학지도 부문 우수 교사로 인정받아 해당 분야 장관상 수상, 해외연수 특전을 받기도 하였다. 과학 동아리 회장, 과학과 문항 출제위원, 각종 장학활동을 펼치게 되었다. 특히 과학과 실험 연수 강사를 7년간 역임하면서 기초과학 분야에 대한 전문성 향상을 위해 자기 연수를 하게 된 것이 큰 보람으로 남아 있다. 또한 국제로봇올림피아드 세계 재패로 대전 MBC방송에 출연하는 영광도 안았다.

　미국 '농구의 신'이라고 불리는 마이클 조던에게 한 기자가 "당신은 농구를 몇 시간이나 연습해서 이렇게 잘하게 되었습니까?"라고 질문하니 "나는 시간도 계산하지 않고 시계도 보지 않고 엄마가 저녁밥을 먹으라고 할 때까지 연습했습니다."라고 답했다. 마이클 조던이라는 선수가 동기부여자가 되어 인터뷰 내용을 옮겨보았다. 초임 교사 시절 전국을 제패하는 기계체조 선배 교사에게 "특별한 지도 노하우가 무엇입니까?"라고 물으니 "나는 핸드 스프링도 못한다. 다만 매트만 열심히 깔아놓았을 뿐이다."라고 대답한 것이 생각난다.

　청소년 과학경진대회에서 6년 동안 전국대회에 출전하는 영광을 안을 수 있었던 것은 우수한 학생들을 잘 만나고, 하고자 하는 의욕이 강해서 열심히 하도록 열정의 촛불을 밝혀주었을 뿐이라고 생각한다.

학교 가기가 정말 무서워요

온 나라를 경악게 하는 가슴 아픈 사건 사고들이 끊이질 않고 있다. 인터넷 수리기사를 단지 인터넷 속도가 느리다는 이유만으로 누구든지 오면 해치겠다고 마음 먹고 있다가 살인한 사건과 외벽 12층에서 아파트 도색 작업을 하는 노동자가 매달려 있던 밧줄을 끊은 천인공노할 끔찍한 사건도 일어났다. 또한 여대생에게 빈 유리병을 던지며 뺨을 때리고, 커피숍에서 다리를 꼬고 있는 모습이 마음에 거슬린다고 벽돌을 던지는 등 하루가 멀다 하고 불특정 다수에게 묻지마 살인 및 폭행 등이 잇따라 발생하여 죄 없는 일반인들이 안전에 위협을 받아가며 살아가는 무서운 현실이 되었다.

이러한 사건의 가해자들이 가진 공통점은 자신의 분노가 타인에게 큰 영향을 주는 '분노조절 장애'(외상 후 격분 장애) 증상이나 '조현증' 증세를 가지고 있는 것이 특징이라고 한다.

일례로 부천에서 초등학생을 죽인 비정한 아버지도 역시 '분노조절 장애' 증상으로 나타난 사건이다. 가해자인 아버지도 어릴 때 부모에게 지속적으로 강한 체벌을 받고 자랐는데, 그런 성장배

경이 이런 심각한 사건으로 이어졌다. 이처럼 가정 폭력은 세대를 거쳐 피해자가 되거나 가해자가 될 가능성을 가지며, 대물림된다는 특성이 있다. 이와 같이 좌절·무력감·격분·원한·앙심 등으로 표출되는 분노조절 장애 원인은 외부에서 지속적인 강한 충격이나 잦은 스트레스라고 한다.

    2000년에 같은 학년 선생님들 모임에서 한 선생님이 늦게 도착하시면서 약간 상기된 표정으로 일성에 "학교폭력대책위원회를 처리하느라고 늦었어요."라고 늦게 온 이유를 미안한 마음과 함께 쏟아냈다. 자초지종을 들으니 교육현장에서 쉽게 접할 수 있는 이야기로 안타깝기도 하면서 일선 교사들이 어려움을 호소하는 큰 고민거리로 교육적인 지도대책이 강구되는 사안이었다. 모임에서 이구동성으로 가정교육의 부재와 지도 소홀로 문제 학생이 차츰 늘어만 가고 있는 실정이라고 입을 모았다.

    지금의 교육현장에서 경험하고 피부로 느끼는 가정교육의 현주소를 살펴보자. 이혼가정이 많이 늘어나고 있으며 가족을 소중히 여기는 교육이 제대로 이루어지지 않은 채로 준비 없이 가정을 꾸리고, 부모가 되고, 배려하고 인내하는 과정 없이 너무 쉽게 가정을 해체하는 경우가 많다. 특히 출산률이 떨어지고 소가족 추세인 요즘 홀로 자라는 아이들이 많아지고 과잉 사랑을 받고 자라서 어울려 살아가는 사회성 발달이 부족하고 자기중심적 사고를 많이 한다. 핵가족화로 인하여 조부모의 따뜻한 가르침과 엄부자모의 가정교육 기능도 약화되었다.

인성 교육이 중요하다고 인식은 하고 있지만 막상 부모들은 지식 교육에만 몰입하고 있는 실정이다. 교육의 균형이 맞지 않아서 생기는 문제들이 너무 많다. 대부분 맞벌이로 방과 후 사교육에 의존하고 있으며 가족 간의 대화와 정서적 교류가 단절되어 가고 있다. 인터넷과 휴대폰의 넘치는 보급으로 성인문화 접속 및 오락 등 역기능 또한 심각한 실정이다. 다문화 학생 증가로 문화적 충돌, 상호작용의 결핍과 부적응에서 오는 충격도 매우 크다고 본다. 이 외에도 부모와 자녀 관계, 스승과 제자 관계, 어른과 아이 관계 등 기본적으로 사회질서를 유지하고 있는 수직관계의 붕괴는 인성 교육과 가정 교육의 문제점으로 노출되고 있다.

교직 생활을 하다 보면, 누구나 쉽게 접하게 되는 사건이 있다. 어느 날 교장실로 한 학생이 노크도 없이 숨이 넘어갈 정도로 급하게 뛰쳐 들어왔다.

"교장선생님! 큰일 났어요! 병선(가명)이 또 폭동 일어났어요!"

순간 정신없이 뛰어가 보니 선생님은 여성분이라 그 난동에 어떻게 제압도 못하고 부들부들 떨고만 있었다. 앞 출입구 유리창은 산산조각나 복도에 흩어져 있었고 병선이의 주먹은 무엇이라도 때려 넘길 정도로 불끈 쥐고 "죽여버릴 거야! 나를 놔둬!" 하며 괴성을 지르고 있었다. 반 친구들도 겁에 질린 모습이 역력하다.

병선이를 뒤로 가서 꼭 껴안으면서 "병선아 정말 사랑해! 그러지 않기로 약속했잖아!" 하며 제압하니 갑자기 "교장선생님이 나를 정말 사랑하지는 않잖아요. 나를 내버려둬!" 하며 큰 소리로 반복한다. 그 소리를 듣는 순간 뒤통수를 세게 얻어맞은 기분이었다. 병선이를 말로만 사랑한다고 하고 진정 가슴으로 사랑하지 못했다는 것을 아이는 더 잘 알고 있었던 것이다. 교육자로서 병선이의 아픈 상처를 보듬어주고 해결해준다는 명목으로 진정성 없는 대화와 위선된 행동으로만 아이의 눈에 비춰진 내 모습이 부끄러웠다.

　병선이의 문제 행동에 대하여 담임선생님과 2년 동안 지도 방향에 대한 지속적인 대화를 나누고 상담을 기록하며 관찰한 내용이 포트폴리오로 두 권이나 될 정도로 두껍다. 4학년 때는 담임과 교감이 잘 이루어져 돌출행동 발생 빈도가 좀 낮아졌는데, 5학년에 올라와서는 담임의 성향, 친구들과의 관계 형성에 따른 이해 수준이 다르니 충돌적인 행동의 발생 빈도가 잦고 더욱 과격하게 나타났다.

　그간 포트폴리오에 수록된 내용 중 위험성이 큰 사건들을 보면, 담임 선생님과 친구들을 죽인다고 과도를 가방에 넣어가지고 등교한 일이 있는데, 선생님도 떨고 있으며 친구들이 무서워 학교 오기를 싫어했다. 자주 학교 옥상에서 뛰어내려 자살하고 싶다고 하여 학교안전지킴이 분들도 긴장하고 있는 상태다. 외할아버지보다 힘이 세지면 제일 먼저 외할아버지를 죽일 거라고 하고, 점심시간에 친구들이 쳐다본다고 식판을 집어던진다. 교실에서 사소한 다툼으로 쉽게 울분을 토하며 책걸상을 집어던지는 것은 흔한 일이다.

현재 많은 학교에는 병선이가 또 있다. 정도의 차이가 있을 뿐 이러한 사례는 교육현장에서 쉽게 접하게 되며, 골머리를 앓고 있는 것이 현실이다.

최근 들어 지역교육청에서 전문 상담교사를 파견하여 정서적 기능이 조금 떨어지는 학생들을 상담하고 지도해주어 현장의 어려움을 조금이라도 해결해나갈 수 있어서 그나마 다행이다.

병선이도 때마침 파견된 상담교사의 도움으로 Wee센터 위탁 지도가 이루어지고 자모와 함께 가족치료도 하고 정신신경과 연계로 지속적인 치료도 받을 수 있도록 안내되었으나 안타깝게도 가정환경 영향으로 치료를 중단한 상태였다.

병선이의 이러한 돌출행동은 상담활동으로 수집된 자료를 살펴보아도 가정환경에서부터 원인이 있음을 쉽게 알 수 있다. 병선이의 성장 과정을 보면, 어린 나이 19살 때 서로 만나 준비되지 않은 부모에게서 태어난 것이 제일 큰 문제인 듯하다. 병선이 말로는 아빠는 미국에 이민 갔다고 하는데 정확한 이유와 상황은 밝혀지지 않았다.

생모는 병선이와 생활이 어렵게 되자 친정집에 들어가 살면서 오후 5시경에 나가 새벽 3~4시경 집에 들어오는 직업을 가지고 있었다. 엄마가 없는 빈 공간에서 아이는 밤새도록 컴퓨터 오락 게임에 빠져 엄마가 오기를 새벽까지 기다리며 밤을 지새우는 것이 하루 이틀이 아니었다. 그런 행동을 못마땅히 여긴 외할아버지는 몽둥이로 외손자를 마구 때렸고, 병선이는 무서움과 공포에 시달려야만 했다. 그런 두려움과 불안은 과한 행동들로 외현화되기를 반복하여 담임선생님과 친구에게 침을 뱉거나 심한 욕설, 꼬집고 고성을 지르기도 하며 교실의 무법자로 행동을 한다. 그리고 분노조절 장애는 품행 장애로 이어질 확률이 매우 높다. 조기에 반드시 해결해야 할 과제가 아닐 수 없다.

    그러나 병선이도 착한 심성을 가져 얼마든지 변화의 가능성이 발견되었다. 상담 도중 막대사탕을 많이 주면서 가족들에게 선물로 갖다드리라고 하자, 자기 것은 빼고 가족의 이름을 대면서 3개만 가져가는 것이다. 그중에 외할아버지 것도 포함하고 있었다. 이런 병선이를 누가 나쁘다고만 할 수 있겠는가? 누구 하나 따뜻한 눈빛으로 진정한 사랑을 주려는 사람도, 병선이의 마음을 이해하려는 사람도 병선이에게는 없었다. 깊이 알면 이해하게 된다고 한다. 더 자세히 보면 미워할 수 없다고 한다. 다같이 주변에 어렵고 힘든 아이들은 없는지 깊이, 또 자세히 살펴보아야 할 일이다.

    병선이가 칼을 가지고 등교한다는 소문에 학교 가기가 정말 무섭다는 말을 들은 학부모들이 집단으로 등교거부시킨다는 정보가 입수되었다. 그 후 학교폭력 가해자로 학교폭력대책위원회를 개최하고 초등교육에서 강제전학을 시키기로 결정했다. 그 후 충남교육청 생활 담당 장학관에게서 전화 한 통이 걸려 왔다. "한 아이를 잘 키우려면 온 동네 사람이 나서야 한다."는 인디언 속담도 있는데 전학을 보내는 것만이 능사가 아니다. 예산을 지원해줄

테니 병원 학교로 보내서 정신적 치료와 학업을 계속하는 방법도 있다고 주문한다. 정말로 병선이에게는 감사한 일이고, 전폭적인 지원이었다. 그러나 부모님의 동의를 얻는 과정에서 외할아버지가 "병선이가 왜 정신병동에 가야 하느냐."라고 하며 완곡하게 반대하여 안타깝게도 무산되고 말았다.

 병선이의 분노조절 장애 증상이 표출되는 가장 큰 원인 중 하나는 가정교육의 부재와 어머니의 역할이 올바르지 못한 영향이라고 말할 수 있다. 부모로서 자녀교육의 핵심은 무엇을 주느냐와 무엇을 보여주느냐 두 가지라고 생각한다. 사랑과 관심을 주고 어머니의 올바른 생활 모습 등을 보여줌으로써 가정교육은 시작된다고 볼 수 있다. 병선이의 어머니와 상담을 하는 도중 느낀 것은 자녀를 잘 키워보려는 의지와 책임감이 매우 부족하고 "어떻게든 되겠지." 하고 생각하며 방임하고 있다는 것이었다.

 프랑스의 작가 앙드레 모루아는 "온갖 실패와 불행을 겪으면서도 인생의 성공을 얻는 낙천가는 대개 훌륭한 어머니 품에서 자란 사람들이다."라고 소개해주었다. 또한 미국의 토크쇼 왕 오프라 윈프리는 "세상에서 부모가 되는 일보다 더 중요한 직업은 없다."라며 부모가 자녀에게 미치는 영향이 절대적이라고 강조하고 있다.

 어느 신문 기사 내용 중 가정교육의 중요성에 대하여 인용된 글이 생각나 옮겨본다.

 시골 아주 가난한 아버지가 아들을 도시로 대학 보내놓고 생활비와 용돈은 못 대주는 아픔을 고민하던 차에 어느 날 아들이 명품 브랜드 청바지를 입고 다니는 것을 보고 놀란 아버지가 "얘야! 그 청바지는 어디에서 났느냐?"고 묻자 "지하철에서 훔친 돈으로 구입했다."고 대답했다. 그 대답을 들은 아버지는 많은 고민 끝에 경찰서에 신고했는데, 조사를 받는 과정에서 처음이 아니라 여러 번 도둑질을 한 사실이 드러났다. 아버지는 억장이 무너지는 아픔 끝에 가슴을 치다가 그 자리에서 그만 숨을 거두고 말았다. 그리고 아들이 구속되어 재판을 받는 과정에서 어머니는 "재판장님! 내 아들에게 중형을 내려주십시오!"라고 주문했다. 법정 격언에 "정사에도 사정이 있고, 법에도 예외가 있다."는 말이 있듯이 판사는 많은 고민 끝에 "이번의 재판은 무죄를 선고합니다."라는 판결을 내리면서 "이러한 훌륭한 부모님 밑에서 교육을 받고 자란 자식에게는 죄를 내릴 수 없다."고 했다. 부모님의 가르침과 위상을 다시 한 번 생각해보게 된다.

    그때 전학을 간 병선이는 지금쯤 친구들과 어울리며 잘 지내고 있는지 정말 궁금하다.

    EBS 심층취재 〈화를 참지 못하는 아이들〉(2013년 7월 4일자)에서 정식으로 등록된 질병이 아니라 정확한 통계는 아니지만 초등학교 교사들의 약 20%가 분노조절 장애를 앓고 있는 아이들에게 노출되었다고 보고 있다. 그리고 지난 통계지만 2007년 1,660명, 2011년 3,015명으로 분노조절 장애를 앓고 있는 학생이 날로 증가세 보이고 있다는 점을 간과할 수 없다. 따라서 국가적으로 적극적인 대체 방법이 강구되어야 해당 학생 치료와 교육은 물론 정상적인 학생들도 학습권이 보장된다고 본다.

분노와 격분의 표출은 인간의 자유스러운 감정에서 나온다고 한다. 이 감정을 지나치게 억압하고 체벌하는 것도 문제이지만 부모와 교사가 그 감정을 조절하고 타협하며 해결하는 과정이 교육의 중요한 부분이라고 생각한다.

무관심에서 벗어나 원인에 맞게 개인 처방하여, 조기 치료는 물론 맞춤형 교육이 시급한 실정이라고 본다. 더 나아가 소질과 특기를 살린 취미 생활과 운동도 병행해야 할 것이다. 병선이도 잘 성장하여 부모님께 효도하고 사회에서 꼭 필요한 인재로 성장하길 많은 선생님들이 지금도 간절히 소망하고 있다.

기준을 지키며 선을 넘지 말아야 할 교육현장

사례 1. 교사가 학생에게 교권침해

- 2014. 9. 23. 09:00경 △△고등학교 2학년(당시 17세) 화학생물실에서 수업시간에 A학생은 휴대폰을 만지고 있었으며, B학생은 핸드폰을 책상 위에 올려놓은 상태로 시끄럽게 떠들어 수업을 진행할 수 없었음.

- 수업 시작 후 박○○ 교사(女)는, 학생들 전체를 상대로 네 차례 정도 "조용히 해, 1교시부터 떠드냐, 조용히 해."라고 주의를 줬으나 A학생이 시끄럽게 떠들자 "△△△ 너 조용히 좀 해."라고 꾸짖었더니 오히려 더 큰 소리로 반항을 하였음.

- 또한 A학생한테 둘이 나가서 이야기를 하고 오라고 하였더니 "내가 내 돈 내고 수업받는데, 왜 나가라고 하냐?"면서 대들었고, 말이 통하지 않아 마지 못해 화를 참고 수업을 진행하려는데 "×나 ×쳐."라고 욕설을 하는 등 지속적으로 교사에게 반항을 함. 이후 A학생은 철제의자를 거꾸로 들고 교사를 향해 집어 던졌음.

- 박○○ 교사는, 그 의자 다리 부분에 오른쪽 안면 부분을 맞았고, 순간적으로 왼손으로 의자를 막는 과정에서 왼쪽 팔 또한 가격당하여 7주간의 진단 및 좌측 견관절 회전근개 파열로 인해 수술을 받음.

사례 2. 교사가 학부모에게 교권침해

- 2015. 6. 2. ○○중학교 조회시간 A학생(男 3학년)은 담임교사에게 폭언을 하고 지도에 불응하였으며 교실을 무단이탈함.

- 같은 날, 무용실에서 이루어진 스포츠클럽(댄스반) 시간에 체육복 미착용에 대해 지도하던 스포츠 강사에게 욕설을 하고 지도에 불응하면서 무용실을 무단이탈하였고 종례시간에는 무단 귀가하였음.
- 위 사안으로 교무부장, 담임교사가 6월16일 개최예정인 선도위원회 참석요청서를 주려고 A학생 가정을 방문하여 요청서를 전달하자, A의 父는 두 교사를 무단주거침입으로 경찰에 고소함.
- 2015. 6. 16. A학생은 1학년 시절 같은 반 친구에게 성적수치심을 불러일으키는 발언을 하여 학교폭력대책자치위원회 개최 결과 '서면사과, 피해 학생에 대한 접촉, 협박 및 보복행위 금지 및 이에 따른 특별교육 2시간'의 처분을 받은 전례가 있어 ○○중에서는 선도위원회 개최 및 교권보호위원회 심의에서 A학생은 학교장 추천 전학 결정 내림.
- 2015. 7. 30. ◇◇시교육청 교권보호위원회에서 A학생의 父가 신청한 학교장 추천 전학 집행정지 기각 결정
- 2015. 9. 7. A의 父, 국가인권위원회에 진정함.
- 2015. 9. 9. A의 父, ◇◇행정법원에 징계처분(학교장 추천 전학) 집행정지 신청함.
- 2015. 9. 10. ◎◎당 국회의원 김◇◇ 사무소에 부당한 강제전학에 대한 민원 제기함.
- 2015. 9. 17. ◇◇행정법원, A의 父가 제기한 집행정지 신청 '기각' 결정

– 교권회복 및 교직상담결과 상담 자료실
2016. 7. 20. 한국교원단체총연합회

위 사건뿐만 아니라 하루가 멀다하게 뉴스에 학생들이 선생님에게 폭언과 아울러 집단폭력을 가하는가 하면, 117의 벨을 너무 쉽게 눌러대고 있다. 또한 학부모가 학교로 쳐들어와 교사를

학생 보는 앞에서 무릎을 꿇리더니 흉기로 위협하기도 했다. 얼마 전에도 중학교 여 선생님 앞에서 남학생이 집단으로 거시기를 내놓고 흔들어대고 있었다고 한다.

교육현장에서 교권침해가 밖으로 표출되는 경우가 빙산의 일각이라고 해도 과언이 아니다. 한국교원단체총연합회 통계자료에 따르면 교권침해 사례는 지난 10년 전보다 300%가 늘었으며, 매년 학교 세 곳 중 한 곳에서 사고가 일어나고 있는 실정이라고 한다. 그러나 교사들은 학생의 앞날을 생각하고 보호하는 차원에서 일을 당해도 은폐하거나 덮고 있다. 그 심각한 상처를 드러내면서 어디에도 하소연할 수도 없고 벙어리 냉가슴만 앓고 있는 실정이다. 사건 후 대부분 학교에서는 교권보호위원회를 개최하고 학부모와 학생이 전체 학생들 보는 앞에서 공개사과, wee센터 연계 교육, 재발방지 서약, 학교 봉사활동 또는 전학 조치를 취하고 있지만, 학생들이 보는 앞에서 망신당한 선생님의 교권 추락과 정신적 치료는 어떻게 보상받고, 어떻게 학생들 앞에서 다시 설 수 있을까?

반면 선생님이 학생을 집단으로 성추행한 사건과 자기 반 여학생을 상대로 한 교사의 성범죄가 빈번하게 일어나 비난이 일고 있으며 집단폭력을 가하여 선량한 선생님들까지 얼굴을 들지 못하게 하는 보도가 있는 것도 사실이다.

이런 가슴 아픈 사건·사고들을 보면, 서로가 기준을 지키지 못하고 넘지 말아야 할 선을 쉽게 넘어 "교육이 흔들리고 있다."고

절감한다. 체육 시간에 줄을 세우기 위해 교사가 아무개 기준하면 오른손을 높이 들며 "기준!" 하고 크게 외친다. 그 기준을 중심으로 종·횡으로 줄을 맞추어 선다. 기준은 중심점(포인트)이며 기본이고 원칙인 동시에 윤리가 될 수 있다. 따라서 기준이 흔들리면 기본 질서가 무너져 조직에서는 와해되는 상황까지 초래한다.

요즘 일부 교사는 스승이기 이전에 교사의 길도 제대로 걷지 못하고 있고, 학생들은 자기 본분을 망각한 행동을 일삼고 있으며 학부모는 자식들 보는 앞에서 거울이 되어야 위치에서 예의에 벗어난 무례한 행동을 하고 있다. 각자가 반드시 지켜야 할 기준과 넘지 말아야 선을 쉽게 넘는 경우가 많아졌다.

얼마 전 새내기 선생님과 대화 중 "어릴 적 우리 어머니께서는 담임선생님을 한번 뵙기 위해서는 일주일 전부터 머리 파마까지 하셨다."며 그런 모습을 볼 때 선생님이 어렵고 대단한 분으로 생각되었다고 했지만, 지금은 "스승의 그림자도 밟지 말아야 한다."라는 말이 옛말이 되었다고 한다.

한 예화를 소개한다. 고위관료 자식이 선생님의 말을 듣지 않자, 그 부모가 선생님을 집으로 초대했다. 그 후 자식이 보는 앞에서 맨발로 뛰어나가 선생님을 응접했고, 그 모습을 본 자식이 '아버지보다 높은 분이 바로 선생님이시구나!' 하고 느껴 제대로 성장하게 되었다는, 훌륭한 아버지의 가르침이 전해진다.

모 저명인사가 언론인들에게 특별 부탁을 했다고 한다. 교원에 대한 언론 기사는 신중을 기해야 한다고 하면서, 교원은 영혼을 다루는 직업이기 때문에 고민하여 언론에 기재되어야 한다고 주문했다고 한다. 그러나 청탁금지법 발표 전 스승의 날을 전후하여 '촌지근절대책'을 다룬 교원들을 잠재적 촌지 수수집단으로 오인할 수 있는 언론 보도는 교원들의 영혼에 큰 영향을 미쳤다. 사기 문제로 많은 교사들은 스승의 날이 없어지는 것을 원하고 있다.

혹자들은 "교사는 많은데 스승은 없다."고 한다. 신참 교사들과 대화 중 투철한 사명감을 갖고 스승의 길을 선택하여 열심히 해보려 하나 학부모들은 교사이기도 전에 하나의 직업인으로 생각하고 있다. 그러나 교사이기에 모든 것을 이해하고 인내하며 올바른 스승의 길을 가고자 하는 바람이 강하다. 흔히 교사들은 "사기를 먹고 산다."고 한다. 교권 침해로 인하여 교권이 무너진 상태에서는 절대적으로 학습권이 보장될 수 없다. 교권이 실추된 이후에 교육에 대한 열정과 사랑을 갖는 교육자는 그리 많지 않을 것이다. 그러므로 교권이 확보되지 못한 상태에서 피해는 학생들이 고스란히 받게 된다. 따라서 교권침해가 학생들에게 열정과 관심을 식어가게 하기 때문에 곧 '교육의 붕괴'로 이어지게 되는 것이 안타까운 현실이다.

학생들의 인권만 강조한 나머지 법적으로 보호받는 학생만 있어 그것을 역 이용해 교권이 짓밟혀 교권을 보장받지 못한다면 '교육의 붕괴'로 이어지는 것이 불 보듯 뻔한 일이다. 이제는 국민 모두가 한목소리를 내어 기준이 될 만한 제도적 장치, 교권침해

예방 및 대응강화를 위한 '교육활동 보호를 위한 특별법', 즉 교권보호대책을 마련하는 데 국가적인 대책이 강구되어야 한다고 본다.

또한 법적·제도적 장치가 중요한 것이 아니라 교사는 스스로 권위를 높일 수 있도록 자기 연찬과 전문성 향상에 노력을 게을리하지 않아야 한다. 학부모와 학생은 선생님을 존경하고 신뢰하며 교육 주체자인 학생·교사·학부모 모두가 만족하고 행복한 배움터를 만드는 데 노력을 다해야 하는 시기라고 작은 목소리라도 내고 싶다.

선생님! 애들 뭐 봤어유

20여 년 전 농어촌 오지에서 6학년을 맡아 지도할 때 사연이다. 월요일 출근하여 교실 문을 열자마자 인석(가명)이가 큰 소리로 고자질이다.

"선생님! 애들 뭐 봤어유!"

"선생님! 애들 이상한 것 봤어유!"

그 소리가 무엇을 보았는지 짐작이 가는 부분이지만 인석이를 불러 자초지종을 물으니 토요일(당시 주6일제) 하교길에 철빈·지호·상수·용철(가명)이 철빈이네 집에서 부모가 일터로 나간 사이 성인비디오를 보았다는 것이다. 자기만 빼돌리고 갔다는 이야기이다.

점심시간을 이용하여 양호실에서 한 명씩 불러 상담한 결과 깜짝 놀랄 만한 사실을 알게 된다.

네 명 모두 성인비디오를 보고 나서 "나도 성인비디오 주인공처럼 하고 싶어요."라고 대답한다. 이렇게 쉽게 어린이들이 식별을 못하는 유해환경이 노출되어 있는 실정이다. 현재는 정보통신의 발달로 인하여 인터넷과 모바일 환경 속에서 정보검색, 소셜 미디어, 쇼핑, 게임, 채팅 등 다양한 정보의 홍수 속에 누구나 노출되어 있다. 특히 자라나는 청소년들이 여과되지 않은 다양한 정보를 쉽게 접할 수 있는 환경에서 살아가고 있으므로 그들에게 어떤 영향을 미치는지 관심을 가지고 고민하며 해결의 실마리를 찾아야 한다.

요즘은 남녀노소를 불문하고 개인 컴퓨터라는 스마트폰을 거의 소지하고 있다. 스마트폰으로 웬만한 모든 정보를 볼 수 있다고 해도 지나치지 않다. 지금의 시대 상황을 잘 반영하는 말로, 스마트폰이 낳은 5무無 시대라 한다. 무언증無言症·무소증無笑症·무례증無禮症·무감동無感動·무관심無關心이다. 일례로 대중교통 수단인 전철이나 버스 안의 대다수 사람이 스마트폰에 집중하는 것을 볼 수 있다.

최근 스마트폰으로 인해 발생하는 많은 사건 사고들을 보면 문명의 이기가 가져온 커다란 재앙을 알리는 따끔한 경고인 듯하다. 스마트폰의 보급이 어린아이부터 노인까지 일반화되면서 이런 재앙적 문제는 어쩌면 이미 예고되어 있었던 것이 아닌가 하는 생각이 든다.

미국의 인터넷 중독 연구의 권위자이자 심리학자인 킴벌리 영 박사는 웹 공간을 '경찰이 없는 거대한 도시'라고 표현하고 있다. 특히 우리나라는 인터넷 강국이라고도 하며 PC방 등 게임산업을 육성·발전시키고자 노력하고 있는 것으로 보아 사회적으로 각종 문제가 발생할 소지가 아주 높다.

요즘 초등학교 3학년 여자아이가 페이스북에 '좋아요'라는 칭찬을 받고자 자신의 알몸을 찍어 올려 경찰이 수사에 나서기도 하고, 중학교 2학년 여학생이 유흥비를 벌기 위해서 스마트폰 어플 안에서 성매매를 하고, 경기도의 한 중학교에서는 수학여행을 간 남학생들끼리 음란물을 보고 흉내를 내며 그 장면을 실시간으로 찍어서 동영상으로 올리는 등 해괴망측한 일들이 너무 일반적으로 발생하고 있다.

얼마 전 Wee 클래스 상담실에 다급하게 걸려온 초등 2학년 여학생 어머니의 전화 상담은 할 말을 잃게 만들었다. 아이가 스마트폰에서 음란물을 보고 자위를 한다는 이야기다. 교실 안에서 고학년 남학생들이 성행위를 흉내 내기도 한다. 미디어와 연동되어 성적性인 타락이 암묵적으로 합리화되고 있는듯 하여 씁쓸한 기분이 든다. 성적인 것뿐만 아니고 최근에 터지는 10대 여학생의 또래 폭력 행위는 소름 돋는 행동이 아닐 수 없다. 죄의식이라고는 찾아보기 힘든 행동을 버젓이 SNS에 올리고 그것을 자랑처럼 즐기는 우리 10대 아이들의 가치관에는 생명에 대한 존엄성도 타인에 대한 배려와 존중도 이미 먼 나라 이야기처럼 느껴진다.

이렇듯 미디어로 행해지는 많은 가해 행동은 결국 그 자신을 피해자로 만든다. 폭력의 스펙트럼이 그러하듯이 사이버 폭력이든, 신체 폭력이든, 성 폭력이든, 언어 폭력이든 가해자가 피해자가 되고 피해자가 가해자가 되는 악순환의 연결고리를 가지고 있다는 것이다.

성폭력범을 검거한 후 그의 주변에서 사용했던 컴퓨터나 미디어를 조사해보면 많은 분량의 음란물이 발견되기도 한다. 실제로 음란물에 오랜 시간 노출된 사람의 뇌는 정상적인 사람의 뇌보다 전두엽 활성화가 매우 뒤떨어지며 폭력성이 많다는 연구 결과가 있다. 판단하고 절제하고 계획하는 역할을 하는 전두엽은 감정적 긴장을 조정하고 주의력 집중 등 인간을 가장 인간답게 만드는 뇌라고 알려져 있다. 이런 전두엽이 손상되었을 때 나타나는 행동은 극단적인 폭력적 성향이라 한다. 심각한 문제가 일어날 것은 불 보듯 뻔한 일이다.

그렇다면 아이들 손에 있는 미디어 기기를 어른이라는 이유만으로 또는 위험하다는 이유만으로 빼앗고 못하게 하는 것만이 최선의 방법일까? 아니다. 사용방법에 대한 교육과 조절 방법과 규칙 등을 아이와 진지하게 의논하고 타협하면서 스스로 절제할 수 있도록 조력하는 것이 어른들의 역할이다. 스마트폰뿐만아니라 가정에서 쉽게 노출되는 TV 채널 선택은 아이들이 여과 없이 접근할 수 있는 부분인지라 그 또한 신중한 선택이 필요하다.

흔히 인터넷 중독도 병이라고 한다. 필자도 오래전 인터넷 게임으로 심각한 중독 현상을 경험했다. 인터넷 바둑에 한 번 접속하면 새벽까지 시간 가는 줄 모르고 빠지게 된다. 패하면 다시 도전하고 상대방이 패하게 되면 도전해오고 서로 승부에 욕심이 있어 도전에 도전을 반복하다 보면 날이 밝아오는 줄도 모르고 접속의 끈을 놓지 않았다. '딱 한 판만 증후군'에 빠져 여러 가지 심각한 결과를 초래한 경험이다.

눈이 빨갛게 충혈되고 아파 시력이 약해져 안과 치료를 받아가며 인터넷 바둑에 접속했다. 새벽까지 긴 시간을 접속하게 되면 정신이 혼미해지고 머리가 멍하여, 한 시간이라도 잠을 청하면 '잔영 현상 증후군'으로 머릿속에 바둑판만 맴돌았다. 그리고 피로한 상태에서 근무하기에 불편을 느낄 정도로 심각한 중독에 빠졌다. 다행히 결단을 내려 지금은 인터넷 바둑 접속 자체를 하지 않는다.

미국에서 인터넷 중독에 빠진 사람들의 뇌를 영상단층촬영한 결과 알코올 중독과 약물 중독에 빠진 사람들과 비슷한 결과가 나왔다는 소견이 있다. 아이들의 인터넷 및 미디어 게임 접속 욕망을 제어하고 조절하기 위해서는 꾸준한 관심과 교육이 함께 동반되어야 한다.

가정, 학교, 지역 사회에서 네트워크를 이루어 상호작용을 하지 않으면 우리의 소중한 아이들을 제대로 보호하면서 관리할 수 없는 시대에 살게 되었다. 가정은 학교를 신뢰하고 학교는 지역사회와 연계되는 것에 담장을 낮추고, 인적·물적 자원의 제공을 적극적으로 도와야 한다. 서로 경계하고 무시하고 등한시하는 사이에 어른으로서 아이들을 지키는 일에 의무를 다하지 못하게 되는 경우가 생긴다. 아동학대 상황을 발견한 학교 측이나 담임교사의 제보는 지역에 있는 아동보호센터(굿네이버스 등)와 연계하여 학대 상황에서 아동을 빠르게 보호할 수 있게 된다. 생각보다 우리 주변에는 유기적인 연계망이 기능적으로 잘 구축되어 있지만 아직까지도 미흡한 실정이다.

    이에 자라나는 청소년을 위해서 미디어 문화에 대해 전 국민적 관심을 갖고 예방적 대안, 즉 제도적인 장치를 마련하는 일이 시급한 실정이다.

4월은 잔인한 달

영국의 시인 T. S 엘리엇은 '황무지'에서 4월은 잔인한 달이라고 했다.

> 죽은 땅에서 라일락을 키워내고
> 추억과 욕정을 뒤섞고
> 잠든 뿌리로 봄비를 깨운다.
> 겨울은 오히려 따뜻했다.
> 잘 잊게 해주는 눈으로 대지를 덮고
> 마른 구근으로 약간의 목숨을 대주었다.
> ……

그 당시 시대적 상황으로 제1차 세계대전 후 유럽, 인간의 마음은 황무지처럼 황폐화되었는데 자연은 섭리에 따라 만물이 약동하는 4월의 현실을 간접적으로 표현한 것이다. 혹독한 추위를 이겨낸 겨울의 끝자락에서 아름다운 봄날, 꽃들의 향연이 이어질 때 4월의 화창한 날씨와 그 향기를 취하지 못하는 사람에게는 잔인한 4월이 될 수밖에 없다.

　　공교롭게도 2014년 4월 16일에는 세월호 사건으로 295명이나 목숨을 잃어 전 세계인들을 경악케 한 끔찍한 대형 사고가 일어났다. 손꼽아 기다리던 수학 여행길을 밟아보지 못한 채 차디찬 바닷속의 종착역을 끝으로 영영 돌아오지 못하며 깊은 잠을 자고 있으니 안타깝고 잔인한 4월임에 틀림이 없다.

　　내가 근무하던 입장초등학교에서도 교직 생활 중 상상하기도 싫은 잔인한 4월로 기억된다. 2003년 4월 14일 월요일 조회 시 전교생이 운동장에서 교장 선생님 훈화를 듣고 있는 중 교무실 쪽에서 갑자기 교무 보조가 뛰어나와 교감선생님에게 큰소리로 외쳐 댄다.

　　"교감선생님 큰일 났어요! 우리 애들이 교통사고로 죽었대요! 그것도 많이 죽고 다쳤대요!"

　　교감선생님께서 훈화를 하던 교장선생님께 보고를 드리니 훈화를 중단했고, 갑자기 모든 사람이 침묵했다. 무거운 긴장감과 함께 정적이 흘렀다.

　　아침 등굣길에 태권도학원 차량을 탄 운전기사와 우리 학교 학생 세 명이 그 자리에서 사망하고 여덟 명이나 중상을 입었다. 말로 형용할 수 없는 끔찍한 대형 사고였다. 학원 운전기사의 운전 부주의로 반대편 레미콘 차량과 정면으로 충돌하여 일어난 사고였다.

　　교장선생님은 급히 사고 현장에 가고 교감선생님은 어쩔 줄 모르며 사태수습을 하는 과정 속에서 정확한 사고 원인과 인적사항도 제대로 파악 안 된 상태에서 방송 3사의 취재기자들이 30분도 안 되어 교무실에 들이닥쳤다. 취재기자들은 사고 난 학생들의 반을 찾아다니며 주인을 잃은 책상과 신발장 등을 찍고 다녔다. 사고 과정과 안전사고 지도대책에 대하여 교무부장인 내가 주로 기자들과 인터뷰를 했다. 담임선생님들이 교통지도를 잘하고 있었지만 통학 거리가 멀어 학원 차량을 이용해 등하교하는 것에 대한 지도대책의 필요성이 대두되었다.

세 명의 시신은 한 대학병원 장례식장에 안치되고 중상을 입은 여덟 명의 학생은 천안 시내 몇 개의 병원에 분산하여 치료에 들어갔다. 교직원들은 주로 대학병원 장례식장에서 슬픔에 잠긴 학부모님들을 위로하고 조문객들도 맞이하며 제자 잃은 슬픔을 같이했지만 부모들의 한없이 흘리는 눈물의 양에 비하면 우리 교원들의 눈물은 너무나 보잘것없는 눈물이었다. 눈에 넣어도 아프지 않은 자식들을 갑자기 잃은 부모님들의 울부짖음은 가슴이 아파 눈 뜨고 볼 수가 없었다. 아침밥을 잘 먹고 학교에 다녀오겠다고 나간 자식이 한 시간도 안 되어 형체도 알아볼 수 없을 정도로 볼썽사나운 시신으로 나타났으니.

"말도 안 나온다. 믿기지가 않는다."

"○○야! 난 어떡하라고 그렇게 일찍 갔냐?"

"난 어떻게 살라고 ○○야! ○○야! 일어나!"

"너무 불쌍해, 불쌍해 어떻게 해……."

목 놓아 울다가 정신을 잃은 어머니의 아픔과 상처를 그 누가 보듬어준단 말인가?

3일이 지난 후에 다니던 학교에서 합동 영결식을 하게 되었다. 영결식 사회를 보려니 처음 겪는 일이라 절차도 잘 모르고 긴장도 되고 슬픔도 함께 몰려와 어떻게 진행을 할지 큰 걱정이 되었다. 어느새 그 넓은 운동장에 약 700~800여 명 넘는 조문객들이 몰려들어 먼저 떠난 불쌍한 어린 학생들의 넋을 기렸다. 어른 잘못으로 생긴 사고인 만큼 어른들의 각성과 눈물의 장이 되었다. 영구 차량 세 대가 차례대로 도착할 때마다 가슴을 찌르는 울음이 넓은 운동장으로 퍼져나갔다.

나는 천안의 한 공원묘지에 안장될 학생을 영구차로 따라나섰다. 딸 둘을 낳고 아들을 얻기 위해 노력해서 마흔 살이 넘어 늦게 얻은 아들이 먼저 갔으니 그 부모의 절규와 슬픔은 광덕산 기슭의 새도 울고 하늘도 울 만했다. 사고 발생 3년 지나 타교로 전출될 무렵에도 그때 중상을 입은 한 학생은 후유증이 너무 커 머리에 안전모를 쓰고 병원 치료를 받아가며 등하교하던 모습이 지금도 눈에 아른거린다. 자식을 먼저 보낸 세 가족과 중상을 입은 여덟 가족은 물론 동승했던 학생들, 학부모들도 깊은 트라우마로 그 아픔을 쉽게 잊지 못하고 괴로워할 것이다.

어른의 실수로 피지 못한 어린 생명을 앗아갔고 행복하게 살아가는 단란한 가정의 파괴까지 몰고간 것을 생각하면 가슴 아프다. 어른들의 반성과 성찰이 필요한 일이다.

드론 축제장에서 행운을

9월 초 어느 가을날 그날따라 하늘은 높고 구름 한 점 없이 유난히 파랗게 보였다. 드넓은 창공을 날아보고 싶은 충동을 누구나 갖게 하는 가을 하늘이었다. 취미 중 매력적이고 스릴 넘치는 것은 하늘을 나는 취미라고 생각한다. 우리 학교 운동장에서도 드론이 날고 있었다.

"떴다 떴다 비행기 날아라, 날아라." 동요 '비행기'의 한 대목이다. '학부모와 함께 하는 드론축제'에서 동요 한 구절과 함께 드론이 하늘을 나는 순간, 많은 사람이 "와~!" 하며 환호했다.

초등학교에서 요즘 뜨고 있는 드론축제가 개최된다고 하니 학부모와 관할 교육청 및 많은 분들이 관심을 갖고 참석하여 고조된 분위기 속에서 축제를 열어갈 수 있었다. 각종 드론 부스 운영, 학부모와 함께 드론 시연, 전문가의 항공 촬영으로 실시간 모니터 영상 관람, 학생 반별 항공사진 촬영 등을 운영했지만 아직 드론 레이싱대회 등의 짜임새 있는 대회운영이 아쉬움으로 남아 있었다. 그 후 교사 드론동아리 조직 운영, 방과 후 학교부서 개설 운영, 돌봄 교실에서 드론 프로그램 적용, 교내 행사 시 드론 시연 등으로 드론에 대한 관심도가 높아져가고 있다.

　요즘은 작은 축제가 열리는 대회에서도 드론이 머리 위에 날고 있으며 지자체에서 실시되는 드론 페스티벌 등을 쉽게 접할 수 있다. 제4차 산업혁명 시대가 도래하면서 드론은 신성장동력 산업으로 잠재적 가능성이 있어, 각광을 받고 있는 미래 산업 분야다. 따라서 각 대학 및 자치단체에서도 열띤 경쟁으로 드론 산업을 선점하려고 혈안이 되어 있다. 이러한 시대 트렌드에 걸맞은 드론 교육을 학교 교육과정에 어떻게 접목하여 미래에 걸맞은 융합형 창의적인 인재로 성장시킬 수 있을지 고민하고, 관련 직업 분야를 탐색해보게 하는 것이 학교현장의 과제다.

　최근에 드론에 관심을 갖게 되면서 우리나라 비행의 역사를 살펴보니 아쉬움이 더해진다. 흔히 라이트 형제가 최초로 발명했다는 것을 오늘날의 비행 역사로 알고 있는데, 여러 가지 자료에 의하면 임진왜란 당시 진주성 싸움에서 '정평구 발명가'가 비차飛車를 만들어 식량을 나르고 왜군을 크게 함락시킨 비화가 소개되고 있다(「진주성 비차 간담회에 이목집중」, 『일간뉴스 경남』, 2017년 7월 26일자). 거북선뿐만 아니라 비행기도 300여 년 전에 우리나라에서 세계 최초로 만들어졌는데도(일본 역사책에서는 소개) 감추어진 역사 속으로 사라진 것이 너무나 아쉽다.

　얼마 전 모 일간지에서 '미래 땅, 하늘을 뒤덮을 자율주행차 드론'을 소개하면서 미래에 무인 자동차, 무인 택배 시대가 생각보다 빨리 올 것으로 예견하고 있다. 그러나 드론 산업에서 오늘

날 신성장동력 산업 블루오션 시장을 중국이 드론계의 애플이라고 불릴 만큼 세계1위로 선점하고 있어 안타까움과 함께 다같이 해결해야 할 숙제로 남는다.

　　학교에서 드론축제를 한 이틀 뒤에 수원시에서 주최하는 '2015 수원 드론 페스티벌'이 아주대학교에서 성대하게 개최된다고 하여 아내와 함께 참석하게 되었다. 드론 시장을 한눈에 살펴볼 수 있게 드론 관련 전시 부스 운영, 각종 산업현장에서 사용되고 있는 응급구조 시연, 체험 부스, 항공 촬영 사진 전시회 등이 이루어지고 있었다. 나는 드론 부스에 관심을 가지고 살펴보는 가운데 아내는 '염불에는 관심이 없고, 잿밥에만 마음이 가 있다.'고, 행운권 추첨에 관심을 갖고 있었다. 행사가 끝나갈 무렵 아내에게 "무슨 행운이 우리에게까지 오겠어! 빨리 집이나 가지." 하며 재촉하니 추첨함에 행운권을 넣었으니 끝까지 보고 가자고 강하게 만류한다.

　　조금 기다리니 행운권 추첨시간이 되어 작은 상품부터 추첨이 시작되어 높은 순으로 인원을 줄여가며 추첨해 나갔다. 드디어 행운권 대상인 170여 만 원 S사 신제품 노트북이 기다리고 있다. 사회자가 "마지막으로 대상을 추첨하겠습니다."라는 멘트와 함께 텔레파시가 통한다고 할까? 정말 이상하게도 내 머리카락이 쭈뼛서면서 그 주인공이 될 것만 같은 예감이 들었다.

　　추첨하는 분이 추첨함에 손을 넣고 막 흔들어대더니 깊숙한 곳에서 구겨진 쪽지 한 장을 꺼내 읽는다. 핸드폰 마지막 번호

"03!"하고 한참 뜸들이고 난 다음 "19!"라 외치는 소리가 들렸을 때 로또에 당첨되어본 적은 없지만, 기분은 그 이상이었다. 당첨되어 본부석으로 뛰어 올라갈 때 마음을 무어라 표현할까? 기다리던 수많은 참석자가 우뢰와 같은 박수와 함께 환호했다. 이런 행운을 잡다니 정말 기분이 좋아 아내와 함께 기쁨을 나누는 과정에서 어젯밤 꿈 이야기를 한다. 어린 돼지를 몰고 다니는 꿈을 꾸었다고 한다. 꿈 이야기를 하다 보니 주위에 있던 많은 분이 그 기를 나누어달라며 악수를 청해왔다. 제일 먼저 자식들에게 행운 당첨을 자랑하고, 지인들에게도 자랑하고 싶어졌다.

우리 학교 드론축제장에 오셔서 드론 관련 정보를 같이 공유하던 퇴직 교장선생님에게 "이번 행사에 뜻깊게 행운의 대상도 잡게 되었네요."하고 메시지를 전했다. 그분이 나를 크게 격려해주셨고, 이후 더욱 드론에 관심을 갖게 되었다.

생신날 진짓상

영국의 역사학자 아놀드 토인비 교수는 한국의 경로사상과 효 문화를 세계적으로 전파할 가치가 있는 사상이라고 강조하면서 "정신문화혁명으로 계승·발전시켜주십시오. 나도 적극 돕겠습니다."라고 말한 바 있다. 특히 "한민족은 어려운 가운데에서도 효와 예의를 지킬 줄 알고 양보하기를 좋아하는 민족이다."라고 극찬을 하면서 효는 말로써 하는 것이 아니라 부모가 모범을 보일 때 자녀들은 따라서 행한다고 했다.

자녀와 아이들은 어른들의 백마디 말 보다 어른의 한 번의 행동을 그대로 본받는다고도 한다. 요즘은 핵가족화 및 다양한 사회 변화로 젊은 사람들에게는 효 문화가 보편적 가치에서 크게 멀어져가고 있다. 웃어른을 존경하고 모시는 일이 고리타분하다고 간과하고 지내는 것이 현실이다.

어머니께서는 평소 자식들에게 효성스러운 며느리로서 또는 지어미로서 실천적 효의 생활을 보여주셨다. 그 큰 가르침이 지금에 와서 진한 감동으로, 마치 어제 일처럼 가슴에 와 닿는다.

어릴 때 우리 집에서는 일 년에 두세 번은 동네잔치가 벌어졌다. 할아버지와 할머니 생신과 아버지 생신까지 동네 어른들을 모시고 조촐한 생신 잔치가 열렸다. 할아버지께서는 작은 부인을 얻으셔 작은아버지 댁에서 생활하시고 할머니는 큰아버지 댁에서 모시고 살았다. 어머니께서는 며느리로서 시부모님을 모시고 살지는 못했지만 평생을 효성스러운 며느리와 지어미로서 훌륭한 면모를 보여주시며 살아가셨다.

바쁜 농사일과 피곤한 몸으로 시장에서 돌아오셔서 밤늦게까지 시아버지 솜바지 저고리를 빨아서 지어드렸다. 노인들이 추한 모습으로 하고 다니시면 자식들이 욕을 먹는다는 말씀을 자주 하시던 말씀이 기억난다. 할아버지께서 항시 깨끗한 옷차림으로 다니실 수 있도록 해드렸다.

어려운 살림살이에도 시아버지 용돈을 자주 드리고 담배도 떨어지지 않게 사다드리는 것을 자식들은 보고 자랐다. 할아버지 생신날이면 아침 일찍 나와 동생들은 동네를 반으로 나누어, 전화가 없는 세상이라 집집마다 방문하여 어머니의 초대말을 전하러 간다.

"아주머니, 아저씨와 함께 할아버지 생신날이니 아침 드시러 오세요."

말씀을 듣고 난 아주머니께서는 이미 알고 있다는 듯이 쾌히 승낙하신다.

"아, 그래 오늘이 바로 할아버지 생신날이구나!"

안방 아랫방에 40~50분들쯤 오셔서 할아버지 할머니의 생신을 축하해주시며 덕담을 하셨다. 그와 아울러 크게 나오는 웃음소리는 어머니께 커다란 행복의 소리로 다가왔을 것이다.

한 번의 잔칫상을 치르고 나면 다음 잔칫상을 준비하기 위해 분주하셨다. 제철에 맞는 담금주를 준비하신다. 포도주와 모과주, 매실주 등을 큰 항아리에 담가놓으셨다. 또한 친정 부모님에게도 지극 정성으로 대하시며 평생을 생활하셨다. 살아 계신 외숙모님 말씀에 의하면 외할머니께서 위장병으로 고생하실 때 시장에서 밤늦게 돌아오며 한약을 사 오시는 등 오랫동안 병 수발을 하셔도 완치가 되지 않자, 이틀 동안 무당 굿거리까지 해드리며 쾌유를 빌어주셨다고 한다.

평생을 이렇게 살아가신 어머님의 뒷모습이 존경스러우며 자식들에게는 큰 거울이 되고 있다. 부모님의 가르침을 본받아 내가 근무한 학교에서 학교 교육과정 속에 삽입한 '실천적 효 교육 사례'를 몇 가지 소개하고자 한다. 신록의 계절 5월 가정의 달을 맞이하여 지역 어르신들을 모시고 효 체육 한마당 잔치를 벌여 식사 대접을 해드렸다. 직접 준비한 매실주를 한 잔씩 드리면서 어르신 말씀을 귀담아 듣고 있으면 칭기즈칸의 "내 귀가 나를 가르쳤다."는 말처럼 모두의 행복한 표정이 내게도 행복으로 다가왔다.

그리고 학교 내 효 미담 사례를 확산하기 위해 숨어 있는 효자, 효부를 발굴하여 조그마한 선물과 함께 학교장 효행패를 수여하며 감사함을 표현한다. 설과 추석 명절 때 교육 일환으로 민속놀이 및 세배, 성묘 등 가족행사 사진을 학교 홈페이지 인성란 메

뉴에 올려 공유하고 있다. 또한 어버이날을 전후하여 가정 학습과제로 부모님이나 조부모님 발을 닦아드리고 소감문을 발표하며 효행 생활을 내면화하기 위해 노력하고 있다.

　이러한 '실천적 효 교육' 뒤에는 자식들에게 많은 가르침을 주신 어머님이 계시다. 한 여성으로서 또한 며느리로 주위 분들에게 존경을 받으며 집안 어른들에게는 인지도 높게 고귀하게 살다 가신 어머님의 그림자가 크고 아름답게 빛나고 있다.

등굣길의 천태만상

자매간의 염색 머리 색깔이 갈색으로 아름답구나!
자기 키보다 큰 기타를 메고 어려움에 지친다.
학원 차량에 내려 친구를 기다리는 눈빛이 빛난다.
부모님에게 크게 꾸중을 들었는지 표정이 밝지 않네!
배가 아픈지 찡그리고 오는 모습이 너무 안쓰럽구나!
혀를 요리조리 굴리는 입 모습이 귀엽네!
항시 친구 간의 대화를 나누며 걸어오는 것이 너무나 정겹다.
부모님 차에 내려 헤어지기 싫은 표정이 어둡다.
눈빛이 마주하면 항시 달려와 안기는 것이 더욱 사랑스럽다.
뒤에서 숨어 손가락으로 허리를 찔러대고 히죽거린다.
텃논의 벼 자람과 우렁이 관찰에 늘 시간이 부족하네!
우산을 쓰지 않고 바쁠세라 뛰고 있는 뒤꽁무니
아침부터 아이스크림을 물고 몰래 감추려 하네!
남매간 동생을 보살핀 우애의 눈빛이 빛나도다.

이곳이 바로 천국이다

지난 12월 중순경 굿네이버스 충청본부에서 전화가 걸려와 캄보디아 교육 봉사에 참여할 의향이 있느냐고 물었다. 나는 별로 고민도 하지 않고 "예, 참가하지요."라고 대답했다. 교육 봉사라는 의미에서 다가서고 싶었기 때문이다.

　2015년 1월 6일, 대전에서 이루어지는 사전교육에 천안 굿네이버스 도움으로 참석하니 충청지역 교육전문위원 17명과 충청본부 스텝진 3명 총 20명으로 이루어지는 글로벌 시민학교 교육 봉사로 캄보디아로 출발하려는 마음은 설렘과 작지만 나눔과 사랑의 실천이라는 의미에서 크게 다가왔다.

　2015년 1월 18일, 천안 아산지부 굿네이버스 직원들의 배려로 인천공항을 출발하여 캄보디아에 늦은 밤에 현지 굿네이버스 직원들의 친절한 안내를 받으며 숙소에 도착했다.

　현지에서 설레는 마음으로 1박을 하고 아시아권에서는 가장 빈민촌이라고 해도 과언이 아닌 수상가옥이 있는 꺼찌베앙이라는 굿네이버스 현지 사업장을 방문하려고 똔래삽 호수에 수상 보트라기보다는 통통배에 몸을 실으니 해외에 온 느낌이 절로 났다.

똔래삽 호수는 아시아에서 가장 큰 호수라서 바다와 비슷한 느낌이 든다. 메콩강에서부터 시작된 물이 너무 뿌옇게 변하여 상당히 오염된 물로 보였으나 이상하게도 수면 위에 쓰레기는 없었다.

한 시간 이상 바람을 타고 호수 위를 달려 현지에 도착하니 화면에서만 볼 수 있었던 수상가옥들이 눈에 들어왔다. 그곳에서 사는 주민들이 오염된 생활환경 속에서 너무 어렵게 살아가는 모습이 역력했다. 연중 7개월 정도가 우기雨期라 수상가옥에서만 살아갈 수밖에 없는데, 오염된 식수를 사용하여 각종 전염병에 노출될 수 있는 환경 속에서 어업으로 생계를 연명해가는 원주민들이 안타깝게 느껴졌다. 도착한 전날도 부부가 어린아이를 배에다 태우고 고기잡이를 하다가 어린아이가 익사하는 사고가 있었다고 들었다.

첫 번째 교육 봉사활동 장소인 꺼찌베앙 마을의 초등학교에 도착했다. 우리나라의 원두막 수준도 안 되는 열악한 학교건물에서 100여 명이 넘는 학생이 공부를 하고 있었다. 건물은 5~6m 높이의 기둥 위에 지어졌는데, 기둥이 썩어가 언제 넘어갈지 몰랐다. 안전관리가 안 되어 교실 바닥과 계단의 틈이 10~20cm 벌어지고 못이 솟아올라 안전사고에 무방비 상태다. 선생님에게만 교과서가 지급되고 학생들은 교과서도 없이 공부한다. 그래도 학생들은 빛나는 눈망울에 천진난만 순수함 그 자체였다.

순수하고 착한 학생들과 1교시 구슬팔찌 만들기, 2교시 모자이크 색종이 찢어 붙이기 수업을 가이드 통역을 통해 진행하면서 교직 생활 중에서 맛보지 못한 진한 감동과 보람을 느꼈다. 색 구슬을 처음 보는 학생들에게 직접 제작한 구슬 팔찌를 채워주니 기쁨과 고마움으로 미소가 떠나지 않으며 두 손을 합장하고 연신 인사를 빼놓지 않는다.

"어꾼 찌라은(대단히 감사합니다)."

2교시에 실시한 모자이크 수업에서는 밑그림을 그리는 과정에서 기억에 남는 일이 있다. 이런 수업을 한 번도 접하지 못했다고 하는 학생이 꽃 밑 그림을 그리는데 화가 수준으로 잘 그리는 것이다. 그 모습을 보고 천부적인 재능을 타고 났다는 생각을 하며 안타까웠다. 교육체계가 무너지고 교육과정도 없이 교육이 이루어지고 있는데, 교육에 대한 무관심에는 이유가 있다고 생각했다.

여러 가지 요인이 있겠지만 역사적으로 살펴보면, 1975년에서 1979년의 3년 7개월 동안에 민주 캄푸차 정권 시기에 폴 포트가 이끄는 크메르 루즈라는 무장단체가 전체 인구 600만 명 중 200만 명에 가까운 국민을 처참하게 학살했다고 한다.

공산주의를 앞세워 자연환경과 산업시설을 모두 파괴하고 기업인, 유학생, 부유층, 구정권 인물들, 심지어는 현지 가이드의 설명에 의하면 "손바닥에 군살이 없고 안경만 써도 학식이 있는 사람으로 생각하여 무자비하게 대학살을 자행했다."고 한다. 역사적 아픔이 너무 커 국민의 정서가 교육을 받으면 죽음을 초래하는 결과를 낳은 것이다. 그래서 교육의 필요성을 느끼지 못하고 있었다.

    이처럼 교육이 무너진 상태가 오랫동안 지속되다 보니 환경 교육이 제대로 이루어지지 않아 물이 빠진 상태의 메마른 땅은 온 천지가 쓰레기장처럼 보였다. 국민들이 환경의 중요성과 필요성을 느끼지 못하고 있을뿐더러 누구 하나 줍는 사람도 주우라고 시키는 사람도 없었다. 이런 환경을 볼 때 체계적인 교육의 필요성이 얼마나 중요한가를 느낄 수 있었다.

    교육 봉사를 마치고 돌아오는 길에 꺼찌베앙 수상가옥 중에서 가장 극빈한 가정을 위로 방문하는 기회를 갖게 되었다. 그곳은 3평 남짓한 수상가옥에서 억새 잎으로 만들어진 지붕은 낡고 방바닥엔 널판지도 울퉁불퉁하고 벌어져 발이 빠질 정도 사이가 벌어진 가옥에서 자녀와 함께 9명이 살아가는 모습을 보면서 도저히 사람이 살아갈 수 있는 환경이 아닌데, 가족끼리 행복하고 즐겁게 살아가고 있었다.

    이튿날은 반띠민체이 콥 CDP이라는 현지 굿네이버스에서 운영하는 어린이집을 방문했다. 차에서 내리니 40여 명 되는 유아들이 두 줄로 도열하여 장미꽃 한 송이씩 들고 우리 일행을 뜨겁게 반겨주는 모습과 현지식으로 정성스럽게 마련한 점심 대접을 받았다. 그곳 현지 사람들이 굿네이버스 직원들의 헌신과 봉사에 얼마나 감사함과 고마움을 느끼고 있는지 알 수 있었다.

    이틀째 교육 봉사 장소인 시엠립에 있는 초등학교를 방문하여 구슬팔찌 만들어 끼워주기, 모자이크 작품 만들기, 굿네이버스에서 제공된 메는 가방에 색칠하기 등 교육 봉사에 임하게 되었다. 그곳 초등학교는 꺼찌베앙 수상가옥 인근에 있는 학교와는 좀 차별화되어 있었다.

건물 자체가 콘크리트이고 교육과정 운영 면에서도 우리나라 1960년대 교육환경 수준으로 이루어진다고 볼 수 있었다. 그러나 아쉽게도 예체능 교과가 교육과정에서 빠진 상태였다. 학생들의 인성 면에서는 꺼찌베앙 수상가옥 학생들과 비교하면 순수함이 조금 결여되지 않았나 생각되었다.

돌아오는 길에는 국민의 의식개혁과 자립정신과 소득증대 사업으로 현지 굿네이버스 지원과 지도로 조합원 40여 명으로 설립된 신용협동조합에서 스스로 문제 해결해나갈 수 있는 방법을 고민하고 있는 모습을 볼 수 있었다.

그곳에 파견된 굿네이버스 지부장을 비롯한 봉사활동을 하는 학생을 포함하여 직원들 모두 투철한 사명감과 봉사정신을 가지고 열악한 환경 속에서 밝은 얼굴로 인류공영에 힘쓰고 있었다. 글로벌 시민교육 활성화에 노력하는 모습에 박수와 찬사를 보내고 싶었다.

사흘째는 세계 7대 불가사의 고대 유적인 앙코르와트를 답사하는 기회를 갖게 되었다. 앙코르와트는 죽기 전에 두 번을 찾아야 하는 곳이라 한다. 역사성과 규모 등을 이해할 정도로 한눈에 들어오는 모습에 문화적인 가치가 높은 유적지임에 틀림이 없었다.

다리를 건너기 전 서쪽 문에서 보이는 앙코르와트 사원의 크기에 "와~ 끝내준다!" 일행의 탄성 연발이다. 오래된 나무뿌리가 앙코르와트 사암으로 된 담장 구조물을 뒤덮고 있다. 자연이 주는 아름다움과 경이로움을 무어라 형용할 수 없을 정도로 장관이었다.

이렇게 3박 5일 동안 캄보디아 교육 봉사 및 앙코르와트 유적지 관광을 뒤로하고 늦은 비행기에 몸을 실으니 여러 가지 상념에 잠긴다. 이틀 동안 캄보디아에서 가장 극빈한 수상가옥을 찾아 교육 봉사를 한 경험에서 감동과 보람을 느꼈고, 역사적 가치가 높은 앙코르와트 관람을 통해 고대의 건축물의 웅장함과 그리고 우수성 및 문화적 보전의 필요성을 느끼게 되었다. 풍부한 수산자원, 3모작이 가능한 비옥한 농토, 울창한 산림자원, 찬란한 역사를 가지고 있는 캄보디아에서 인간들이 저지른 식민의 역사, 전쟁으로 인한 대학살, 무책임한 정치 내분에서 온 국민의식의 변화, 교육의 질적 하락과 이어지는 가난으로 고통받고 있는 것이 안타까웠다.

그러나 교육 봉사에서 천진난만한 밝은 눈동자와 아이들의 해맑은 웃음에서 캄보디아의 희망을 엿볼 수 있었다. 열악한 환경 속에서 살아가면서 그 아이들은 걱정도 없이 그저 행복해 보였으며 한 어린이에게 지금 살아가는 것이 행복하고 즐거우냐고 물어보았다. 아이는 "써바이, 써바이, 으릭으리에이(행복하다. 즐겁다)."라고 대답한다. 자료에 의하면 캄보디아는 우리나라보다 행복지

수가 높은 나라다.

셰익스피어는 "세상에는 좋은 것도 나쁜 것도 없다. 단지 우리의 생각이 만들 뿐이다."라고 했다. 불행은 명예, 지식, 권력, 빈부의 차이가 아니라 상대비교를 통한 갈등에서 온다. 캄보디아 아이들의 생활과 해맑은 웃음에서 나타나듯 우리가 사는 이곳이 바로 천국이다.

해외의 교육현장을 방문하는 기회가 종종 있었지만 캄보디아 국가의 열악한 교육환경을 들여다보는 기회가 가장 가슴에 와 닿아 시사하는 바가 컸다. 앞으로 교원들이 열악한 교육환경 및 시스템을 접할 수 있는 해외연수 기회를 많이 가졌으면 하는 바람이다.

초등학교 시절 추억에 젖다

2016년 8월 17일부터 8월 21일 3박 5일간 다녀온 태국 여행은 다른 해외여행보다 의미가 컸다. 출발 전 준비 과정부터 설렘으로 시작하여 다녀온 후에도 가슴 깊이 오랫동안 추억으로 남아 펜을 들기에 충분했다.

강원도 양양 남대천에서는 연어가 산란기를 맞아 꼬리로 물살을 가르는 소리가 들린다고 한다. 그곳에서 산란된 어린 연어가 동해를 떠나 먼길, 3만 2,000km나 되는 긴 항해를 하다 다시 산란기가 되면 신기하게도 수년 전 자기가 자라온 고향 냄새를 맡고 남대천으로 회귀한다고 한다. 물론 사람들도 누구나 고향을 지키고 싶어 하고 고향을 생각하면 가슴이 뭉클해진다.

마찬가지로 어느 동기 모임과 다른 단체 모임보다 국민학교 동창 모임은 더 정겹고 관심과 애정이 간다. 그 이유는 같은 동네에서 태어나 철모를 때 철부지 생활을 같이하면서 몸과 마음이 성장했기 때문이다.

나의 모교 홍동국민학교 43회 동창생 모임은 6·25 한국전쟁 직후 나라가 여러 가지로 어려울 때, 1962년도 입학하여

1968년도 졸업한 동창생들이 각자 성인이 되어 직업 전선에서 일할 나이에 시작하여 34년 동안 20여 명이 꾸준히 모임을 이끌어 가고 있다.

시간이 흐르면서 들고 나고 한 친구들이 있는가 하면 모임에 애착을 갖고 꾸준히 참여한 친구들이 주가 되었다. 총동창회 주최 체육대회도 주관 기수로서 성공적으로 마무리하여 동문에게 단합된 모습을 보여주는 등 서로 간 상부상조하며 많은 에피소드를 남겼다.

세월은 흘러 어느덧 졸업한 지가 반세기가 지나가고 있지만, 우리 모임의 모태인 국민학교 시절로 되돌려 시간여행을 떠나보고 싶었다. 지나가버린 아름다운 시간을 반추해보면서 서로 공감대를 이어보고 싶었다.

엄마가 준비해준 코 닦는 손수건을 오른쪽 가슴에 차고 입학을 했다. 일제시대 때 지어진 건물, 벽면이 검정 나무판자로 된 교사校舍가 왜 그리 크게 보였는지. 검정 고무신을 신고 눈보라가 날리던 등하교길을 동동거리며 오가던 생각, 단무지 장아찌 반찬이 담겨진 네모진 노란 도시락을 조개탄으로 달구어진 난로에 데워 먹던 점심시간, 여학생들이 고무줄 놀이를 하면 몰래 숨어 있다가 불시에 고무줄을 끊고 도망치던 추억들이 그립다.

쉬는 시간만 되면 밖에 나가 말뚝박기 놀이를 하고 여름이면 물이 뿌연 툼벙에서 친구들과 물장구와 헤엄을 치고, 겨울이면 동네에서 가장 큰 논에 물을 대고 그 물이 얼기를 기다렸다가 하루

종일 썰매를 타고 놀다가 집으로 들어갈 때 물에 빠진 양말을 몰래 감추며 들어갔던 추억들. 쇠 필통 소리 짤랑짤랑 나일론 책보자기 메고 오가는 길에 아카시아 꽃을 따먹으면 그 맛은 꿀맛 이상이었다.

당시 쥐약이 부족하여 쥐잡이 운동으로 학교에서는 쥐를 잡아서 그 꼬리를 잘라 성냥 각에 넣어오라는 숙제를 냈다. 그러면 친구들과 서로 잡은 꼬리 수를 이야기하며 등교하던 생각, 초롱산까지 송충이를 잡으러 갔던 일, 찬바람이 옷 속을 스며드는 이른 봄에 보리를 심으러 창정마을까지 가서 차게 얼어붙은 밭이랑에 보리를 심던 일, 무더운 6월에 보리를 베러 금평리 마을까지 가서 작은 손으로 농민들을 도와드렸던 일, 교실 땔감을 운반하러 반 친구들이 줄을 지어 개울 마을까지 갔던 추억, 학급별로 마련된 똥 장군을 들고 운동장 위쪽에 있던 채소밭에 거름을 주던 추억, 해마다 6월 반공의 달을 맞이하여 반공 웅변대회가 열릴 때면 운동장 밑 비탈진 곳에 앉아 "쳐부수자 공산당, 때려잡자 김일성!"을 귀가 따갑도록 경청하던 생각, 동네 기철이 친구와 집에 갈 때 동네 누구의 묘지에서 맞장떠 쌍코피를 흘렸던 아팠지만 즐거운 추억들, 상수리를 모아 매각한 돈으로 머리 깎는 기계를 구입하셔서 직접 까까머리를 만들어주시던 은사님, 중학 진학을 위해 밤늦도록 한 문제 틀리면 한 대씩 때려가며 열정적으로 지도해주시던 고마운 은사님…….

검은 나일론 속 고쟁이에 하얀 메리야스를 운동복으로 입고 넓은 대 운동장에서 "청군 이겨라, 백군 이겨라!" 하고 목이 터질 세라 응원하던 생각, 6인조 달리기에서 1등 하려고 악을 써가며 달리던 추억들. 검은 나일론 속고쟁이를 입고 학교 냇가에서 헤엄을 치고 재첩 조개를 반 양동이나 잡았던 추억, 수란리 저수지를 거쳐 테미산까지 소풍을 가서 오락시간에 노래도 부르고 재미있게 오락과 게임을 하던 추억들, 5학년 때는 예산 수덕사까지 대략 50리 길을 걸어서 1박 2일 수학여행을 다녀오면서 걷지 못할 정도로 다리가 아팠던 아련한 추억들…….

그때를 아십니까? 아! 그때를 기억하십니까?

누구든 어릴 때 좋든 싫든 간에 행복했던 일, 싫었던 일, 즐거웠던 일, 슬펐던 추억들을 갖게 마련인데 지금은 가물거리는 이야깃거리들이 나를 성장하게 한 밑바탕이 되어 모두 아름다운 추억들로 마음 한쪽에 자리 잡고 있다. 이러한 아련한 추억들을 이야기하고 그때 그 시절을 떠올리며 행복함에 빠져들 수 있는 것은 고향친구가 있기 때문 아닌가 싶다.

그러한 친구들의 부부 또는 홀로 25명이나 우리 고향에서 제자가 마련해준 관광 버스를 타고 인천공항에 도착해 수많은 관광객 속에 파묻혔다. 일행들은 웃음과 기대, 설렘으로 가득 찬 얼굴이다. 이렇게 출발 전에도 행복한 친구들의 얼굴을 보며 여행은 목적지에 도착해야 행복한 것이 아니라 준비 과정에서 이미 행복을 느끼게 되는 것이라는 생각이 들었다.

늦은 밤 태국 방콕에 도착한 우리 일행들은 숙소인 에이 원

호텔 로비에서 잠자기 전 열대과일과 함께 준비해온 컵라면을 꺼내 젓가락도 부족한 상태에서 서로 정담을 나누며 소주 한 잔 기울였다. 다음 날 가이드의 안내에 따라 제일 먼저 찾은 곳은 방콕의 수상가옥이다. 진흙땅으로 부옇게 오염되어 보이는 물이 식용 및 생활용수로 사용한다는 것이 잘 살지 못하는 나라로 생각되었다.

두 번째로 찾은 곳은 태국 최고의 관광 명소라고 할 수 있는 왓 포 사원이다. 세계문화유적 가운데 불가사의라고 할 수 있을 정도로 거대한 맘모스 사원이며 1,000년을 넘게 현존하는 문화재인 만큼 관리도 잘 되고 있었다. 국민의 90%가 불교 신앙을 가진 국가로 역사성과 신앙심을 한눈에 볼 수 있는 유적지였다. 사원의 방대한 크기와 정교하고 화려하게 그려진 단청 및 탱화와 웅장한 불상들이 200여 개나 된다고 한다.

이 큰 사원의 단청을 보면, 마치 벽지를 붙여놓은 듯한 정교함에 놀라지 않을 수 없었다. 그리고 세계에서 제일 큰 와불의 크기와 웅장함에 입이 또 한 번 딱 벌어졌다. 길이 46m, 높이 15m나 되는 거대한 부처님은 온화하게 미소를 지은 채 누워 있었는데, 세상을 다 품을 듯한 자비와 평화와 자유의 상징으로 생각되었다. 왓 포 와불상을 돌아서니 문화재 보호 차원에서 황토흙 같은 것으로 초벌을 하고 금동을 입히는 보수작업을 하는 모습이 눈에 띄었다.

태국의 사원은 크고 작은 사원만 3만여 곳이나 된다고 한다.

소승불교로 가정, 사무실, 회사, 호텔 등에서도 불상을 모시며 신앙생활을 하는 태국인들은 관용과 자비심이 반영되어 매사를 긍정적으로 생각하고 바쁠 것이 없이 여유로움을 가지고 있다. 행복지수도 우리나라보다 높다고 하니, 더욱 태국인들의 생활 모습을 본받고 싶어졌다.

웅장하고 섬세한 왓 포 사원을 아쉽게 뒤로하고 태국의 관광도시 타파야로 발걸음 옮겨 태국전통 마사지를 받은 후 세계 3대 쇼라고 불리는 알카자쇼 장에 입장했다. 역시 쇼의 방대함과 화려함에 놀라지 않을 수 없었다. 성전환 수술을 한 무희들이 등장하는 것이 이색적이며 한국 관광객을 위해 아리랑 가락에 맞추어 장구를 치는 공연을 했는데, 그 모습을 보고 향수에 젖으며 흥이 절로 났다. 이어서 타파야 숙소인 호텔에서 여정을 풀었다. 아침에 일어나 창 너머로 잔잔하게 울렁이는 태평양 바다를 보며 여유로움을 만끽하고, 해변에 줄지어 있는 야자수를 보며 열대지방을 여행하고 있다는 느낌을 온몸으로 받았다.

다음으로는 해양스포츠 관광지로 각광을 받고 있는 산호섬을 가기 위해 쾌속선에 몸을 실었다. 거친 물살을 가르며 달리는 쾌속선 안에서는 아내를 비롯한 여성 분들이 배멀미에 힘들고 괴로워하는 모습을 보며 어려운 과정을 즐기며 이렇게 숨을 쉬고 있음에 행복을 느끼는 것이 여행이라고 생각하니, 산호섬으로 가는 뱃길이 마냥 행복했다.

과연 이름 그대로 산호가 죽어서 이루어진 모래라 은빛처럼 곱고 고와서 새하얗게 보였다. 우리나라 바닷가에서 볼 수 없는 바닷물이 너무 맑아 물 전체가 투명하게 보이기까지 한다. 주위 자연 경관이 너무 아름다워 많은 관광객이 찾는 이유를 알 수 있었다. 산호섬 바닷물이 너무 맑아 물속으로 뛰어들고 싶은 충동을 느껴 오랜만에 해수욕을 즐겼다.

산호섬에서 그대로 나와 몸을 씻기 위해 호텔 야외수영장으로 향했다. 야외 수영장에서는 우연히 우리 부부, 철순 부부, 영환 부부가 같이 수영을 하게 되었다. 한참을 수영장에서 놀다가 동심으로 돌아가고 싶은 생각에 제안을 하나 했다.

"우리 남자들만 옛날처럼 잠수해서 누가 가장 멀리 가고, 누가 물속에 가장 오래 버티는가 시합 한번 해볼까?"

"좋아, 해보자."

흔쾌히 동의하여 시합을 하기 위해 출발선인 수영장 가장자리 테두리에 올라서니 재미있는 게임이 될 것 같아 웃음이 절로 났다. 국민학교 시절 학교 앞 냇물에서 잠수하던 생각을 하면서 환갑이 넘은 나이에 외국 수영장에서 다시 한번 겨룰 수 있다는 것이 얼마나 행복한 여행인가. 수영장 밖에서 부인들이 심판을 보고 "요이 땅!" 하는 소리와 함께 수영장으로 뛰어들었다. 너무 재미있어 세 번씩이나 물속으로 뛰어들었지만 나는 물속에서 오래 견딜 수 있었고, 조금은 멀리 갈 수 있었다. 국민학교 시절에 두 친구는 나보다 키도 몸집도 커서 내가 불리한 게임이었을 터인데 지금 친구들은 담배를 피우고 운동을 멀리하고 몸 관리를 하지 못했기 때문인 듯했다.

　다음 코스는 태국이 관광도시를 만들기 위해 야심작으로 조성해놓은, 직원 수만 2만 명 정도라는 타파야 농 녹 빌리지 농원을 둘러보고 코끼리쇼를 관람하게 되었다. 그 쇼를 보면서 시종일관 그 큰 코끼리를 어떻게 훈련을 시켰는지 궁금해졌다. 코끼리가 자전거도 타고 기다란 코로 티셔츠에 그림을 그리기도 했고, 그 티셔츠를 판매도 했다. 목에 건 훌라후프를 돌리고, 볼링·농구·축구도 하고 관중들의 박수가 연속으로 이어졌다. 관중 모두가 코끼리를 어떻게 훈련을 시켰는지 궁금해했다. 가이드 말에 의하면 코끼리가 어렸을 때부터 송곳으로 찌르면서 반복 훈련을 지속적으로 했다고 한다.

　다음은 세계 최대라고 하는 절벽에 있는 타파야 황금 사원에 건축한 불상이었다. 푸미폰 아둔야뎃 국왕 취임 50주년을 맞이하여 국왕의 장수, 태국의 안녕과 발전을 기원하면서 만들어졌다고 하니 태국인들이 국왕에 대한 충성심과 불교에 대한 신앙심이 얼마나 깊은지 알 수 있었다. 치짠산에서 높이 130m, 너비 70m 되는 기암절벽을 깎고 돌을 파 불상의 테두리를 황금 5톤으로 채워가며 7년 동안 60억가량 돈을 들여 만들어졌다고 하는데, 규모와 불심의 영향에 놀라지 않을 수 없었다.

　이어서 태국 전통마사지를 2시간 동안 받고 나니 하루 동안의 피곤함이 싹 가셨다. 많은 관광객이 기대한다는 성인 라이브 쇼를 보는 순간 눈을 의심하게 되었다. 이 쇼장은 철저히 폐쇄되어 있었고 사진 한 장 못찍게 통제되고 있었으며 엽기·코믹·에로틱한 콘셉트로 이루어졌다. 출연자 대부분 성 전환 수술을 한 사람들로, 나체인 채로 평소 볼 수 없는 상상 이상의 쇼를 펼쳤다. 쇼가 끝나고 전통야시장에서 태국인들이 장사하는 모습, 물건의 질, 열대과일 등을 구경했다. 운송수단으로 이용되고 있는 송태호(창호가 없는 봉고 차량)라는 차량으로 숙소까지 갔는데, 창호가 없는 차량이라 탁한 오염으로 숨쉬기가 곤란함을 느꼈다.

마지막 날에는 100년을 살면서 무병장수한다는 코끼리 트래킹을 부부가 같이 탔다. 100세 시대 무병장수를 기원하면서 즐겁게 한 코스를 마치고 악어 농장의 악어쇼 장에 입장하니 어제 본 코끼리쇼보다 스릴과 긴장감이 컸다. 조련사가 멀리서부터 달려와 슬라이딩으로 악어와 입 맞추기, 벌린 입속에 머리 집어넣기, 악어 혓바닥을 잡아당겨보기 등 공연을 했고, 악어 등을 타고 움직이며 관광객을 공포와 긴장감으로 몰아넣어 숨죽이게 하는 쇼였다. 이 쇼 또한 훈련방법이 궁금했다.

이후 악어쇼 장 바로 옆에 있는 호랑이쇼 장으로 자리를 옮겼다. 이 호랑이쇼는 더 가관이다. 호랑이는 가장 사나운 맹수로 알고 있는데 입장한 호랑이 8마리는 잘 훈련된 애완견처럼 조련사의 지휘봉 하나에 발도 내밀고, 애교도 부리고, 두 발로 서서 다니고, 줄을 맞추어 앉기도 하며 불타오르는 링 속을 가볍게 뛰어넘는 등 묘기를 부렸다. 긴장감과 무서움과 스릴이 넘치는 쇼였다.

관광객은 재미있게 웃으면서 볼 수 있지만 동물들은 울고 있다고 생각되었다. 태어나자마자 조련사가 혹독하게 훈련시킨다고 한다. 반복적인 훈련으로 때리고 꼬챙이로 찔러대어 동물의 본능을 잊게 하기 위해 강한 신체적 학대를 당하며 습득한 학습의 결과물이라 서양에서는 동물 애호가들의 강한 반발이 제기되고 있다고도 한다.

코끼리·악어·호랑이 쇼를 보면서 혹독한 신체적 학대가 훈련에 주는 효과가 얼마나 큰가를 느끼며 우리 교육현장에서 이루어지고 있는 상벌의 효력에 대해서도 생각하게 되었다. 특히 코끼리와 호랑이가 시키는 대로 잘 따라할 때 바나나나 날고기를 주는 칭찬의 효과가 교육과 훈련에 미치는 영향에 대하여 잠시 생각하게 되었다.

긴 여행을 마치면서 서양속담에 "친구를 알고자 하거든 사흘만 같이 여행을 하라."라는 말처럼 고향 친구들과 같이한 첫 여행이 그간 나누지 못한 우정을 나누고 아름다운 추억거리를 만들면서 서로 더 깊이 알게 되는 계기가 되었다.

다음의 여행길도 약속해본다.

3부

마라톤과 나의 인생

같이해서 멀리 갈 수 있었다

2011년 10월 23일(일) 조선일보 춘천마라톤대회에 참여하면서 설렘과 두려운 마음이 공존했다.

호반의 도시 춘천의 아름다운 풍경이 머릿속에 그려지니 아주 설렜다. 깎아지른 절벽에 곱게 물든 단풍과 의암호 속에 삼악산이 거울처럼 비추어진 풍경과 우리 동호인들과 삼삼오오 모여 먹는 춘천 닭갈비에 시원한 막걸리 그 맛…….

그러나 작년과 달리 올해는 연습량이 부족하여 풀코스를 완주할 수 있을지 걱정이 앞섰다. 이런 나의 마음과 달리 토요일 오후 집합 장소에 하나씩 나타나는 동호인들의 얼굴엔 밝은 웃음이 가득했고 어릴 때 소풍 가던 들뜬 마음이 느껴졌다. 모두 함께 건강을 위한 아름다운 여행을 떠나는 길 또한 도전할 수 있는 목표가 있기에 더 큰 즐거움으로 가득했다.

춘천에서 밤잠 설치며 아침에 일어나 침대에서 스트레칭으로 20여 분간 가볍게 몸을 풀고 출발선으로 향하는 중에 바라본 안개 짙은 공지천의 아침 풍경을 보니, 올해도 호반의 도시에 찾아왔음이 실감났다.

잠시후 출발선에 모인 2만 3,000여 명 사이에 끼어 있으니 가슴이 벅차오르면서 묘한 행복감에 젖는다. 길다면 길고 짧다면 짧은 대장정의 첫발을 옮겼다. 우리 기진맥진 회원들과 초반 레이스를 가볍고 느리게 시작하면서 서로를 위로하고 격려하며 달려 나가는 사이 무언가 놓친 게 있었나 보다. 마음속이 과연 오늘 풀코스를 완주할 수 있을까? 하는 걱정으로 가득 차 정작 중요한 것들을 보지 못하고 지나칠 뻔한 것이다. 그때 들려오는 사람들의 탄성! 출발 후 8km 지점을 통과하자 삼악산의 가을 풍경이 내 눈에 들어오기 시작했다.

"와, 와!"

"야, 정말 멋있다!"

사람들의 탄성에 끌려 나 역시 풀코스 완주에 대한 부담감은 잠시 내려놓은 채 온전히 가을을 만끽하면서, 달리고 있다는 사실 하나에만 집중할 수 있었다. 작년보다도 더 곱게 물든 빨강·노랑·주황의 단풍잎들이 어우러져 한마디 말로 표현하기 아까운 한 폭의 수채화가 의암호에 담겨 있었다. 아름다운 가을의 정취를 느끼면서 뛰는 동안 풀코스 완주냐, 하프만 뛰고 차에 몸을 싣느냐 마음을 결정해야만 했다.

그러다 보니 어느새 20km 지점에 도달했다. 작년 춘천마라톤에 참가했을 때 나의 배고픔을 달래주던 세상에서 가장 맛있는 초코파이 간식 배부처에 다다랐다. 우리 동아리 회원들 몇 분과 함께 꿀맛 같은 초코파이와 건강 음료를 먹고 나니 다시 힘이 생기는 듯했다.

　이제 완주냐, 하프냐 하는 갈등과 망설임 속에 25km 지점으로 발길이 향하고 있었다. 그러나 뛰는 동안 구진모 회원이 처음 도전하는 풀코스에 같이한 것이라 조금이라도 힘이 되어주어야겠다는 생각이 들어 무겁기만 했던 발걸음을 부지런히 움직여갔다.

　앞으로 계속 나아가는 동안 어느 할아버지의 등 뒤에 새겨진 '백 세 건강을 위한 도전'이라는 글을 보면서 힘이 생겼고, 소아마비로 한쪽 다리를 절면서도 한발씩 내딛는 모습, 한쪽 어깨가 기울어져 힘겨워 보이는데도 포기하지 않고 뛰는 사람들의 모습을 보니 나의 몸은 강한 에너지로 재충전되었다. 좀 더 뛰다 보니 어느 중년 부인이 "완주하실 거지요?"라며 "나 좀 같이 데려가 주세요."라는 주문을 건네왔다. 연약하고 가냘픈 모습에도 완주를 꿈꾸는 모습에 나 역시 더욱 힘차게 달려나가게 되었다. 또한 조용한 농촌마을 정경에 어우러진 풍물 한마당, 음료를 나눠주며 목마름을 달래주는 봉사단의 여고생들 역시 힘찬 파이팅과 함께 힘을 더해주어 감사한 마음이 들었다. 그리고 내 등 뒤에 새겨진 '기진맥진'이라는 우리 동아리 이름과 내 이름 석 자가 열심히 달릴 수 있도록 뒤에서 밀어주는 듯한 느낌이 들었다.

　"내 심장은 뛴 거리를 안다."라는 말이 있다. 작년에 춘천마라톤에 참가하여 풀코스를 완주하고 또 일주일 전에 연기 대첩마라톤대회에서 하프를 뛴 덕분에 심장에는 무리가 없지만 시간이 지날수록 하반신에 힘이 풀려 앞으로 나가지 않는 느낌이었다.

어느새 춘천댐에 이르는 언덕길 32km 지점 이후부터는 2km 정도 뛰고, 0.5km 정도 걸으면서 앞으로 나아가는 것만으로도 기쁨과 행복을 느낄 수 있었다. 기록에 연연하지 않으면서 포기하지 않고 도전과 끈기로 어려움을 이겨내는 나 자신에 대해 자부심을 느끼며 나의 용기와 도전에 높은 가치를 부여하고 싶어졌다. 어려움을 참고 뛰는 동안 인간의 신체 리듬이 얼마나 정교하고 오묘한지 생각하게 되었다. 수분이 부족하여 물을 한 모금 먹으면 먹는 양만큼 땀으로 금방 배출되고, 하체는 풀려서 그냥 주저앉고 싶지만 정신력으로 버틴다. 어렵고 고통스럽지만 머리는 맑고 상쾌해지는 그 느낌! 그것이 행복이고 살아 있다는 사실만으로 즐거움이 아닌가 싶었고 다시 태어난 것 같은 기분이 들었다.

다섯 시간 반 넘게 긴 레이스를 펼치면서 뇌리에 여러 가지 일들이 스쳐 지나갔다. "강둑에 앉아서는 강물의 깊이를 모른다."라는 말이 있듯이 마라톤을 체험하면서 나의 인생을 다시 생각해 보는 계기가 되었다.

마라토너들이 고통스러워하는 다리의 경련도 나지 않게 건강한 신체를 갖게 해주신 부모님에 대한 무한한 감사와 나에게 알맞은 식단을 만들어 제공하고 먼 곳까지 와서 응원과 격려로 사랑을 주는 아내에 대한 고마움을 전하고 싶다.

멀리서도 포기하지 않으며 뛰라고 기를 팍팍 넣어주어 완주에 힘을 실어주는 가족과 지인들의 격려에 대한 감사함을 전한다.

늘 같이할 수 있는 자랑스러운 기진맥진 동호회 회원님들의 응원과 환호성에 감사하고, 42.195km를 인내와 끈기로 도전하는 나에 대한 긍지와 긍정적인 마인드로 조금이라도 남들에게 보탬이 되는 자세로 살아가고자 하는 나와의 약속도 고마움을 느낀다. 이렇게 수많은 상념에 잠기면서 뛰다 보니 골인 지점에 기진맥진 회원들이 물을 들고 파이팅을 외치며 응원해주고 있었다. 나를 기다린 주위 분들의 환호하는 모습 속에서 크게 웃으면서 골인할 수 있었다.

아프리카 속담에 "빨리 가려면 혼자 가고, 멀리 가려면 여럿이 가라."는 말이 있다. 인생은 장거리 마라톤 코스다. 다른 사람들과 같이 가는 속에 협동심과 경쟁심을 발휘하며 그 속에서 아름다움을 찾을 수 있다. 그 인생길을 혼자 걷고 뛴다면 얼마나 외롭고 쓸쓸할까! 하지만 우리는 함께하기에 얼마든지 멀리 갈 수 있다. 내년에도 춘천에서 사랑하는 사람들과 함께 또 한 편의 가을날의 전설이 되고 싶다.

끝으로 우리 자랑스러운 동아리 이름인 '기진맥진'으로 지어 본 사행시로 마무리하고자 한다.

기: 기의 흐름을 좋게 하고 숨쉬기 기운이 가득
진: 진지하고 최선을 다하는 자세로 완주에 임하니
맥: 맥박은 힘차게 고동치고 있으나 머리는 맑고 상쾌하여
진: 진정한 운동인 달리기에서 몸과 마음의 건강이 찾아온다.

환갑 나이에 또 한 번의 도전

2015년 10월 25일(일) 조선일보 춘천국제마라톤에 참가는 나에게는 어느 대회보다 감회와 의미가 남다르다.

우리 기진맥진 동호인들과 6년째 춘천마라톤에 연중행사로 참가하고 있지만 설렘과 두려움이 역시 공존하고 있다. 그 설렘의 특별한 이유는 을미년 올해 회갑을 맞는다. 그간 10여 년째 각종 마라톤대회에 참가하고 있으나, 이 대회에 회갑기념이라는 의미를 부여하고 체력과 건강 체크를 하고자 오래전부터 출사표를 던졌기 때문이다.

또 사랑하는 동생이 5년 전 대장암 2기 판명받았지만 꾸준히 치료한 결과 다행히 올해 초 완치 판명을 받았다. 그간 나의 권유로 마라톤에 입문하여 각종 대회에 10km, 하프로 몸을 만들어 온 과정에서 처음으로 풀코스에 도전하여 먼 발걸음을 같이하려는 대회다.

무엇보다 설레게 하는 것은 며느리가 12월 중순에 건강하고 예쁜 손녀를 출산할 예정이기 때문이다. 며느리 순산을 기원하며 뛰려니 가슴 벅찬 설렘이 있다. 하지만 두려움도 함께했다. 지난

7월 중순경 동호인 배구경기 도중 왼쪽 종아리 인대 파열로 인한 여름훈련을 전혀 하지 못했다. 조급한 마음에 지난 10월 18일 본 대회에 참석하기 위하여 평택항 마라톤대회에 참가했다. 훈련이 부족한 상태에서 하프에 도전한 것이 무리였는지 아니면 당시 짙게 깔린 미세먼지 때문인지 심한 목감기로 사전에 주사와 약 처방을 받고 마스크를 쓴 채로 출발선에 서야 했다. 과연 이런 몸 상태로 완주를 할 수 있을까? 두려움과 걱정이 앞섰다.

　기진맥진 동호인들과 숙박을 같이하면서 기침이 끝이지 않아 일행들의 잠도 설치게 한 것에 대한 미안함이 가시지 않는 가운데 유영덕 회원이 "내일 뛸 수 있겠어요?" 하고 걱정을 해준다. 밤잠을 설치면서 아침에 간신히 눈을 떠 가벼운 스트레칭으로 몸을 충분히 풀어주었다.

　전날 밤에 불야성 이루며 그토록 아름다웠던 공지천의 야경을 뒤로 하고, 구름 사이로 비추는 밝은 아침 햇살이 전국 각지에서 온 2만 5,000명을 반갑게 맞이하는 듯했다. 공지천 인조잔디 구장에 각양각색의 옷차림을 하고 여러 가지 사연을 안은 채로 몸을 푸는 러너들 속에서 몸을 푼다는 자체가 흥분되었다.

　기록이 없는 동생이 소속된 H조에 합류하여 출발선에 섰다. 3번이나 도전해 보았지만 풀코스를 달릴 때 신체상으로 오는 어려움을 이미 경험으로 알고 있었기 때문에 과연 마스크를 쓴 상태에서 완주할 수 있을까? 하는 걱정이 앞섰다. 옆에서 몸을 같이 풀던 동생이 걱정 어린 말을 건네온다.

"형님 그 몸 가지고 완주하실 수 있겠어요?"

"오늘은 무조건 도전하는 거다."

나는 서슴없이 오늘 꼭 완주해야 하는 이유를 마음속으로 굳게 다져본다. 사회자 배동성 씨의 힘찬 출발 함성으로 동생과 함께 초반 레이스를 무리하지 않게 즐기면서 그간 못다한 형제간의 이야기를 나누다 보니 대장암 치료 과정에서 종합검진 결과 부정맥과 요로결석증 진단 결과가 나왔었는데 달리기를 오랫동안 하다 보니 재검에서 없어졌다고 하는 판명이 나와 너무 기분이 좋다는 이야기가 지금도 생생하다.

이런저런 이야기를 하면서 뛰다 보니 10km 지점의 삼악산이 앞에 보이는 깎아지른 절벽에 형형색색으로 물들어가는 절경이 보이며 의암호를 끼고 도는 코스에 와 있었다. 물들어가는 가을 정취를 만끽하는 동안 동생이 "형님 천천히 와요."라는 말을 남기고 앞으로 사라져갔다. 그만큼 본인 의지와 노력으로 뛰어나갈 수 있을 만큼 좋은 체력을 갖게 되었으니 대견스러웠다.

동생이 앞으로 뛰쳐나간 순간 나도 모르게 마스크를 던져버리고 발걸음을 재촉했다. 무리한 몸을 가지고 뛰어 그런지 머리가 핑 돌아 주저앉고 싶은 충동이 왔다. 끝까지 이 몸을 가지고 완주할 수 있을까? 하는 걱정이 밀려들려온다. 그래도 뛰어야만 했다. 회갑이 내년에 또 오는 것도 아니고, 어렵게 도전한 동생에게 약한 형의 모습을 보여주고 싶지 않았다. 그래서 할 수 있다는 마음으로 나를 다 잡으면서 한 걸음 한 걸음 달려나갔다.

앞으로 전진하는 동안 '팔순기념 풀코스 236회 완주'라는 동호인들의 응원 글귀가 감기로 지친 몸을 가다듬어 주면서 도전에 대한 용기가 되살아났다. 그렇지만 하프 지점인 신매 대교에서 포기하고 싶은 생각과 완주해야 한다는 의무감이 머릿속에서 갈등하고 있었다. 그러나 나의 두 다리는 반사적으로 앞으로 계속 내달리고 있었다.

'나는 뛰어야만 돼. 그래, 나는 뛰어야만 돼.'

나에게 스스로 주문을 외우며 자신을 담금질하며 뛰는 동안 벌써 25km 지점에 동네 사람들로 구성된 풍물놀이 한마당이 펼쳐지고 있었다. 풍물놀이패에 감사의 인사를 전하면서 흥겨운 장단에 맞추어 덩실덩실 춤을 한바탕 추고 멀어져가는 가락과 장단에 맞추어 한 걸음씩 옮기다 보니 벌써 눈앞에 춘천댐이 보였다. 어차피 꼭 완주해야 하는 긴 레이스이므로 생각하기 나름이다. '남은 구간은 주로에 스펀지가 깔려 있으니 사뿐사뿐 즈려밟고 즐기면서 뛰자.' 하고 생각하며 다시 한번 마지막 힘을 불어넣었다.

달리면서 얼마 전 우리 학교에 초청하여 희망연주회를 가졌던 네 손가락의 피아니스트 이희아 연주회에서 만난 어머니 우갑선 씨의 말씀이 생각났다.

"대부분의 성공자들은 역경지수(AQ)가 높습니다. 만약 희아가 열 손가락을 가졌다면 지금 이 자리까지 못 왔을 겁니다. 진정한 성공자는 승리하는 것이 아니라 극복하는 것입니다. 희아는 네 손가락이 보물입니다. 희아는 다른 사람보다 역경지수가 매우 높은 아이입니다."

그 강한 의미의 메시지가 머리 한쪽에 자리 잡고 있다. 따라서 마라톤은 역경지수가 높은 사람이 하는 운동이라는 생각을 하면서 과연 마라톤이 주는 의미는 무엇이며 나는 지금 왜 뛰고 있는지를 생각하게 되었다.

마라톤은 나홀로 외로움을 즐기면서 뛰는 게임이라고 생각된다. 그리고 순위에 연연하지 않고 끝까지 자기와의 싸움에서 역경과 어려움을 견디면서 행복으로 승화시켜 목표·희열감·성취감·보람 등을 느끼는 그야말로 고진감래의 재미있는 게임이다.

이런 생각을 하다 보니 마라톤의 좋은 점이 새록새록 와닿았다. 달리기가 주는 교육적인 효과를 일찍이 체험했기에 금년에 우리 학교에서는 학교 교육과정 특색사업으로 설정하여 학부모와 함께하는 마라톤대회를 추진하고 있다. 1학기 참가에 이어 오는 11월 22일(일) 아산 신정호마라톤대회에 63명이 참가했다. 이 대회를 통해 학부모와 학생들이 교육적 효과를 느낄 수 있을 것이다. 이런저런 상념에 잠기다 보니 기다리던 34km 지점에 자유발언대가 눈에 들어왔다. 출발 전 나 자신과 약속한 대로 마이크를 부여잡았다.

"첫째, 회갑기념으로 나 자신에게 의미를 부여하고 뛴 것이 무척 자랑스럽고 암에 걸렸던 동생과 함께해서 무엇보다 감사하게 생각하며 둘째, 사랑스런 며느리가 12월에 출산 예정이므로 건강한 아이로 태어나길 기원하오며 셋째, 우리 학교 학생들이 안

전하고 행복한 학교생활을 통해 꿈과 끼가 발현되어 훌륭한 인재로 성장하길 바란다."

자유발언대에서 출발 전부터 마음속으로 약속했던 것들을 크게 외치고 나니 몸과 마음이 가볍고 골인 지점까지 무난히 갈 수 있다는 자신감이 들었다. 자유발언대를 지나니 열정과 패기가 넘치는 102보충대 병사 100여 명이 큰소리로 힘을 실어준다.

"파이팅, 힘내세요! 대단하십니다."

큰 함성에 나도 모르게 나를 응원해주는 병사들에게 하이파이브를 해주었다. 젊은 기를 받아서 그런지 다시 힘이 생겼다. 마음이 육체를 지배한다는 말을 생각하면서 훨씬 가벼워진 발걸음에 힘을 실었다.

자원봉사자로 매년 수고하시는 대취타, 중동고 밴드부, 풍물놀이, 생기발랄한 여고생들의 목이 터져라 파이팅을 외쳐가며 음료 공급을 하는 것에 대한 고마움, 67세의 할머니가 아장아장 걷는 것도 아니고 뛰는 것도 아니고 앞서거니 뒤서거니 하며 계속 동행해주고 있었다. 어느새 따라 붙은 기진맥진 엄귀화 회원은 1년 전 다친 다리로 완주를 하고자 하는 의지에 차 있었다. 그런 수많은 동호인들과 함께 먼 길을 재촉했다.

이렇게 하여 지친 몸을 억지로 감추고 더 멋있게 더 힘차게 골인 지점에 다다르니 먼저 도착한 동생과 10km를 완주한 제수씨가 기다리며 사진을 찍어주었다. 함께 준비한 향기 넘치는 꽃목걸이를 걸어주며 반겨주는 모습에 고맙고 감사한 마음이 들어 힘든게 순간 달아나면서 진한 감동이 온몸에 전해왔다.

출발 전 마스크 한 상태로 스타트하여 골인의 맛을 만끽할 수 있을까 하는 두려움이 있었는데 포기하지 않고 자신과의 약속한 것을 이행하면서 105길을 약 7만 6,000보의 족적을 남기며 5시간 45분 24초의 기록으로 긴 여정의 싸움에서 이긴 나 자신에게 큰 박수를 보내고 싶다.

얼마 전 조선일보 칼럼에 「달리기는 신이 내려준 보약이다」라는 기사가 생각난다. 동생도 건강이 좋아지고 나도 허리디스크 증상과 시달리던 위장병이 완화되었으며 감기가 악화될 것으로 예상하고 도전했지만 오히려 증세가 호전되었으니, 관련 기사 내용을 조심스럽게 믿어본다.

앞으로 백세 시대에 건강하게 수명을 연장하는 것이 노년의 행복으로 가는 지름길이라 생각되어 지인들에게도 마라톤 예찬론을 펼치면서 명예의 전당 헌 액자가 되기 위해 조선일보 춘천마라톤 가을의 전설이 계속 이어지길 다짐해본다.

3형제의 아름다운 약속

30여 년 전 아침 운동으로 달리기를 시작하여 10여 년 넘게 각종 마라톤 대회에 참가해오고 있다. 오래전 조선일보에 실린 칼럼 한 편은 지금도 내 마음에 깊이 남아 있다. 달리기는 나에게는 정말 몸에 맞는 보약 중에서도 특효약이다.

음식에도 고유의 맛이 있듯이 운동도 맛을 느끼면 꾸준히 하게 되어 있다. 그래서인지 비가 오는 아침에도 우산을 받치고 밖으로 나가게 된다. 아침 운동으로 달리기를 하고 땀을 빼고 난 후 시원한 물에 샤워하는 맛은 하늘을 날아갈 듯이 상쾌한 기분을 가져다준다. 그 맛을 느끼지 못한 사람에게 그 맛을 어떻게 이야기하랴!

나는 주위 사람들에게 종종 웃음 섞인 이야기를 하곤 한다.

"아침에 30~40분 투자해 하루를 행복하게 살래, 투자 안 하고 24시간을 불행하게 살래. 나는 두 사람의 주치의를 데리고 산다. 한 사람은 오른발이고 또 한 사람은 왼발이다."

달리기를 꾸준히 한 덕분에 오래전 가볍게 나타난 허리디스크가 완쾌되었고, 혈압약을 복용하다 먹지 않게 되었으며, 몸에 쥐가 자주 일어나던 것도 어느새 사라지는 등 많은 신체적 변화를 체험했다. 항상 긍정적인 생각으로 도전하며 일에 대한 열정으로 목표지향적인 생활을 할 수 있게 된 것도 달리기가 나에게 가져다 준 큰 선물이다. 달리기는 신체적·정신적으로 효과가 뛰어날 뿐 아니라, 공간·시간에 상대적 제약이 없이 누구나 쉽게 할 수 있는 운동이라 자연스럽게 남들에게 권해본다.

오래전부터 형제들에게 권유했는데, 두 동생이 마라톤에 입문하여 각 지방대회에 참가하고 있다. 금년 설 명절에는 예산 벚꽃 전국마라톤대회에 3형제가 한번 같이 뛰어보자고 제안해서, '의좋은 형제상'에 우리도 한번 도전해보자는 약속이 자연스럽게 이루어졌다.

약속을 하고 나니 어느 대회에 참가하는 것보다 설렘과 기대로 몸만들기 과정이 즐거웠다. 3형제가 나란히 호흡을 같이하며 뛴다는 것 자체가 행복으로 다가와 연습을 게을리할 수가 없었다. 마라톤 당일 결과가 중요한 것이 아니라 과정이 중요하다고 생각되어 SNS를 통해 동생들에게 연습량이 필요하니 열심히 연습하라고 권유도 해보았다.

드디어 2015년 4월 12일(일) 제11회 예산 벚꽃 전국마라톤대회가 예산종합운동장에 전국 각지에서 몰려든 마라톤을 즐기는 동호인들로 장사진을 이루었다. 대회 때마다 호흡을 같이하며 레이스를 즐기던 우리 기진맥진 동호회원들에게 같이하지 못한다고 미리 양해를 구했다. 그리고 나의 권유로 처음 이번 대회에 출전하게 된 '국기회' 회원 다섯 분도 찾지 못한 채, 우리 3형제는 준비된 '의좋은·3형제·파이팅' 글귀를 백넘버 대신 각각 달고 하프 출발선에 서게 되었다.

이번 마라톤대회는 기진맥진 마라톤 동호인들과 같이 뛸 때보다 그리고 조선일보 춘천마라톤 풀코스에 도전하는 것보다도 기대 이상으로 흥분되었다. 3형제가 모두 건강하여 함께 마라톤에 도전한다는 것이 큰 행복으로 다가왔기 때문이다. 나란히 뛰면서 그동안 서로 객지에 살면서 나누지 못했던 대화로 우애를 다지는 기회가 되었다. 마라톤이라는 긴 레이스에서 서로 격려하고 대화하면서 나아가니 어느 대회보다 어렵지 않음을 느낄 수 있었다. 이렇게 뛰니 시너지 효과가 가미되어 어렵지 않고 즐겁게 목표를 향해 가는 기분이었다.

3형제가 하프 반환점도 똑같이 발판을 딛고 돌았다. 뒤에서 같이 뛰는 분들이 "의좋은 3형제 파이팅!"을 외쳐주며 보내는 응원과 격려의 박수가 우리 3형제의 등 뒤를 밀어주어 발걸음이 더욱 가볍게 느껴졌다.

예산 벚꽃 마라톤 코스는 흐드러지게 핀 벚꽃길이 환상적으로 아름답다. 왕복 15km 정도가 흰 눈으로 뒤덮인 꽃터널로 뛰는 이들의 눈길을 순간 멈추게 한다. 아름답게 핀 벚꽃길을 감상하면서 뛰는 동안 곳곳에서 자원봉사 여학생들이 "파이팅! 파이팅! 힘내세요!"라고 외쳤는데, 그 응원의 함성이 고맙게만 들려왔다. 그리고 지역주민들이 마련한 풍물놀이 소리에 절로 흥이 나 어려움을 잊고 고마운 마음에 덩실덩실 춤을 추게 만들었다.

　올해도 어김없이 유치원 원아들의 수예작품들이 잠시 눈길을 돌리게 하고 있다. 현수막에 쓰인 "사랑받고 자란 아이가 사랑할 줄 안다."는 글귀는 보육교사 체벌 사건으로 이슈가 된 요즘에는 가슴에 더 와닿는다.

　어느새 터널을 지나 골인 지점에 닿으니 멀리 인천에서 온 동생이 나타나 우리 형제가 함께 뛰는 장면을 사진에 담았다. 그 모습에 가슴이 먹먹해지는 진한 감동을 받았다. 드디어 목표에 골인하니 오늘 먼저 10km를 완주한 제수씨의 힘찬 응원과 격려로 그동안의 어려움이 싹 가셨다.

　이렇게 해서 어렵지만 형제가 함께 달렸다는 점에서 더 큰 행복으로 다가왔다. 마라톤은 어려움을 행복으로 승화시키는 정말 아름다운 게임이라고 생각하면서 감사한 마음이 들었다. 우리 3형제 나이를 더하면 168살이나 되는데, 첫째, 아직까지 하프를 뛸 수 있는 건강한 체력과 강인한 의지력을 주신 부모님에게 감사하고 둘째, 형제와 약속을 지키며 긴 대화를 하며 우애를 지킬 수 있는 형제애와 가족의 응원에 대한 감사하며 셋째, 함께한 마라톤 동호인과 지역주민들의 격려와 응원에 감사했다.

　무엇보다 오늘 레이스는 5년 전 대장암으로 수술을 받고 꾸준한 운동과 관리로 완치 판명을 받은 셋째 동생이 호흡을 같이하며 3형제가 함께 골인하여 더욱 의미 있고 축복받은, 뜻깊은 레이스였다. 이번 예산 벚꽃 전국마라톤대회 참가 후 본 대회에서 수

여한 메달을 세어보니 무려 7개나 되었다. 메달의 수보다 더 진한 감동과 여운이 오랫동안 남아 후기를 남기게 되었다.

    예산 벚꽃 마라톤대회에 지속적으로 참가하게 된 이유는 우선 아름다운 벚꽃길 코스가 나를 기다리고 있고, 차량 통제가 잘 이루어져 쾌적한 코스를 뛸 수 있기 때문이다. 그리고 지역주민들과 함께 어울릴 수 있으며, 준비된 풍부한 먹거리 역시 참가자들을 즐겁게 한다.

    이번 대회로 의좋은 3형제 부상을 받은 것 이상으로, 값진 선물을 받은 것 같다. 앞으로 우리 7남매의 아름다운 약속과 도전이 계속되리라 믿는다. 예산 벚꽃길의 추억과 환상적인 골인 장면을 마음속으로 다시 그려본다.

앗! 교통사고다

　이번 예산 벚꽃 마라톤대회 출전은 어느 대회보다 가장 흥분된 상태로 다가왔다. 동생들과 세번째 '의좋은 형제상'에 도전하는 의미 있는 대회인 만큼 기대와 설렘이 교차하고 있다. 특히 작년에 흐드러지게 만개한 눈 덮인 벚꽃길을 3형제가 호흡을 같이하며 뛴 추억이 지금도 머릿속에서 아른거린다.

　마라톤은 절대적으로 연습량에 비례한다는 것을 서로가 알기에 준비 과정을 체크하면서 연습을 독려한다. 막냇동생이 Run Keeper 앱을 이용하면 운동시간과 거리를 조정하며 연습하는 데 많이 도움된다고 추천도 해주고, 이번 대회는 3형제가 유니폼 상의 색깔도 통일하여 뛰어보자고 권유해왔다. 또한 등 뒤에 붙이는 문구는 2년 동안 '의좋은 3형제 파이팅'이었는데 이번 대회는 무엇으로 할까하는 고민도 있어 내가 '의좋은·3형제·세번째 도전'이라고 하자고 권하니 막냇동생이 슬그머니 한발 물러선다. 왜냐하면 자기는 연습량이 부족하여 부담을 주는 문구라고 했다. 그래서 '의좋은·형제·파이팅'으로 결정되었다.

　작년에 연습량이 부족해서 형으로서 약한 모습을 보여준 것 같아서 이번 대회만큼은 그런 모습을 보여주지 않으려고 연습을 부지런히 했다. 대회 일주일 전에도 가족들과 제주도 여행 중에 가족들의 만류에도 불구하고 해질 무렵 해변 도로를 두 시간 정도 뛰었다. 바닷 바람을 맞으며 옥색빛 바닷물을 보면서 예산 마라톤 대회에 3형제가 나란히 뛸 것을 상상하면서 뛰어 그런지 어렵지가 않았다. 그리고 아침운동으로 날마다 초등학교 운동장을 50바퀴 이상 도는 등 연습을 열심히 게을리하지 않았다.

드디어 4월 9일 일요일 대회장소인 예산종합운동장에 도착하였다. 작년보다 참가 인원이 많아 보였고, 날씨도 마라톤 하기에 아주 좋은 날씨였다. 올해는 대회 본부 측의 배려로 '의좋은 형제' 부스도 마련해주어 형제 가족들이 만남의 장소로 이용하기에 좋았다.

제13회 예산 전국마라톤대회라는 출발선 대형 아치 아래 우리 3형제는 나란히 하프(21.095km) 코스에 참여하는 운집 속에 있었다. 출발을 알리는 신호와 함께 종합 운동장 하늘을 아름답게 수놓은 축폭이 퍼져나가는 것을 바라보면서 기분 좋게 출발을 하게 된다. 출발한 많은 주자의 얼굴에 하프 코스가 어려운 길이라는 것을 느끼는 모습은 어디에도 찾아볼 수가 없었다. 그저 밝은 표정에 활기가 넘치는 역동적인 모습일 뿐이다.

우리 3형제 뒤를 따라오는 어느 한 분이 "어허! 작년에는 의좋은 3형제 파이팅이었는데. 왜 올해는 의좋은 형제 파이팅입니까?"라고 물으며 "정말 멋진 형제들입니다. 꼭 완주하세요!"라고 격려와 긍정의 메시지를 보내준 덕분에 우리는 더욱 힘차게 달려 나갈 수 있었다.

반환지점까지 뛰는 동안 작년과 달리 바람의 세기와 지형지물의 영향 때문에 부분적으로 만개한 벚꽃을 감상하며 어렵지 않게 그간 못다한 이런저런 이야기를 나누며 레이스를 즐겼다.

15km 지점 이후에 연습을 열심히 한 셋째 동생은 미리 뛰어 나가고 막냇동생이 어려움을 느껴 같이 보조를 맞추어 예산터널을 20여 m 남겨놓은 지점에 편도 2차선 중앙 하얀 실선을 두고 한쪽 방향으로 가볍게 뛰고 있었다. 그런데 등 뒤에서 요란한 차량 질주 소리가 들리고, 순간 바로 옆에서 나란히 뛰고 있던 막냇동생이 갑자기 '타닥! 딱! 딱!' 하는 소리와 함께 앞으로 한 바퀴 돌며 나뒹굴어 떨어져나갔다.

"아니 웬일입니까?"

"아니. 웬일이여!"

'앗! 교통사고다.'라는 불길한 생각이 들면서 머리카락이 쭈뼛쭈뼛 하고 소름이 끼쳐왔다. 엎어져 있는 동생의 얼굴을 먼저 살펴보니 다행히 상처는 안 보였다. 정말 천만다행이다. 정신을 가다듬고 주위를 살펴보니 사고의 파편 조각들이 사방으로 흩어져 있어 교통사고를 실감 나게 했다.

사고차량은 전방 15m 더 나아가 정차했다. 운전기사가 다가오면서 "어떻게 사고가 났지유?"라고 묻는다. 아니 세상에 운전자가 왜! 사고 났는지, 어떻게 사고가 일어난지도 모르고 운전하다니 정말 화가 났다. "이곳에 어떻게 들어 왔어요? 사람 잡겠네!" 하고 버럭 소리를 질렀다.

나이는 70세가 넘어 보이는, 1t 포터트럭 운전기사였다. "오전 12시까지 교통을 통제한다."는 현수막 문구와 곳곳에 통제 요원들이 있었을 터인데 말이다.

어느새 예산지구대 경찰 두 명이 도착하여 사고 과정을 조사하는 동안 막냇동생은 예산의 한 병원 응급차에 실려 갔다. 사고 원인은 노인인 운전자가 편도 2차선 중앙실선을 무시하고 시속 70~80km 과속으로 달리다가 어두운 터널 속에 들어와 앞의 물체를 제대로 감지 못하여 오른쪽 백미러로 달리고 있던 동생의 왼쪽 팔뚝을 세게 친 것이었다.

백미러 가로 길이가 20cm도 안 되는데 사람을 치고 나가 백미러가 완전히 부서져서 산산조각이 난 채로 흩어져 있었다. 살짝 옆으로 2~3cm만이라도 운전대를 틀었으면 어떻게 되었을까? 정말 아슬아슬하다. 아찔한 순간이라고 할까? 찰나라고 할까? 상상만 해도 정말 끔찍한 사건임에 틀림없었다. 정말 아찔한 사고였다.

남은 거리 1km 정도를 어떻게 뛰었는지 모르게 골인 지점인 대형아치 아래 먼저 도착한 셋째 동생 내외가 골인 장면을 놓치지 않으려고 포즈를 담는 모습이 눈에 들어왔다. 셋째 동생이 "왜 막내는 안 들어와요?" 하고 물어왔다.

"야! 막내 사고 났어!" 하니 "무슨 사고요?" 하며 두 내외가 어안이 벙벙하며 깜짝 놀란다. 지친 몸으로 자초지종을 이야기하니 셋째 동생이 "사고가 안 나는 운동으로 마라톤을 하는데 마라톤 하다가 사고가 났다니…….."라고 혼자 중얼거렸다.

바쁘게 짐을 챙겨 동생 내외와 병원 응급실로 달려가보니 다행히 CT 촬영 결과가 나와 머리에는 이상이 없었다. 왼쪽 팔뚝이 타박상으로 부어올라 있었고, 한 바퀴 뒹구는 바람에 왼쪽 허벅지에 큰 타박상만 보였다. 정말 다행이다. "막내야! 천운을 타고 났다. 돌아가신 어머님과 아버님이 잘 돌봐주셔서 네가 살았다."라고 하며 안도의 한숨을 쉬었다.

그 후 대전의 병원에 입원하여 치료를 받는 중 회사의 업무처리로 인하여 충분히 치료를 받지 못하고 퇴원하여 퇴근 후 한방치료를 받아왔다.

동생들에게 기회가 있을 때마다 마라톤을 권고했고 이번 대회도 참가하게 되었는데 기사회생한 막냇동생에게 면목도 없고 미안한 생각만 든다.

백세 시대 거북이처럼 달리자*

평소 아침 운동으로 조깅을 즐기면서 몸 관리를 해오던 중 지인에게서 2003년 가을 천안 마라톤대회 참석 권유를 받았다. 생애 처음 10km 건강마라톤에 참가하여 천안 봉서산을 안고 달리는 기분은 기대 이상이었다. 많은 분이 거리에 나와 응원하는 모습을 떠올리고 건강을 지키기 위해 달리는 동호인들 사이에 합류하고 있다는 생각만으로도 절로 행복으로 다가왔다. 7~8km 지점에 다다르자 이상하게 짜릿한 쾌감의 기운이 느껴졌다. 머리가 텅 빈 것 같고 마치 무아지경에 빠진 듯한 기분이었다. 이런 기분 때문에 어려운 마라톤을 하나 싶었다. 자료에 의하면 이런 현상을 '러닝-하이Running-High'라고 하며 '꽃길을 걷는 것 같은 기분' 또는 '마라톤 오르가즘'이라고 한다. 이런 현상은 걱정과 스트레스를 가지고 달리면 그런 쾌감이 오지 않는다고 한다. 세계적인 마라토너 이봉주 선수도 한번도 느껴보지 못했다고 한다.

그 후 가까운 곳에서 개최되는 마라톤대회에 여러 해 동안 지

✽ 2016년 4월 27일(수)에 방송한 KBS 1TV 〈생로병사의 비밀〉의 방영 주제이다.

속적으로 참가하는 동안 풀코스도 여러 차례 완주했다. 그간 마라톤에 참가하며 달리기를 왜 하는가를 생각해보고, 체험을 통한 육체적·정신적으로 변화와 마라톤의 초기 입문 방법 및 유의사항 등을 알아보며 공부했다. 달리기나 걷기에 대하여 의학 전문가들이 말한 내용을 그 누군가를 위해 메시지를 전하고자 한다.

얼마 전 〈생로병사의 비밀〉에서 달리기는 심폐지구력 상승, 성인병 예방, 노화 방지, 기초대사량 증진은 물론 우울증 및 알츠하이머병 예방 효과까지 의학적으로 입증된 신이 내린 운동이라고 극찬한 것이 바로 달리기다. 나의 체험 상으로 "인간에게 최고의 보약은 달리기다."라고 해도 지나친 말이 아닐 듯싶다.

정확한 통계는 아니지만 현재 우리나라 약 400만 인구가 마라톤대회에 참가하고 있으며 각 지자체 또는 언론사에서 주최하는 대회가, 2017년 마라톤대회 가운데 온라인상 등록된 대회만 349개가 있다. 달리기에 대한 관심이 날로 높아지고 있는 것이다. 특히 요즘은 여성 인구가 늘어가는 추세라고 한다.

왜 달리고 있는가를 생각해보았다

혹자들은 긴 시간 땀을 흘리며 왜 뛰느냐고 하며, 달리기는 어려운 운동이라고 말한다. 그러나 달리기에는 여러 가지 장점이 있다.

① 가장 누구나 쉽게 접근할 수 있는 운동이다.

② 특별한 장비나 기구가 필요하지 않고 장소도 구애를 받지 않는다.
③ 다른 운동과 달리 파트너가 필요 없으며, 서로가 부딪히거나 부상을 입지 않는다.
④ 짧은 시간에 운동의 효율성이 높다.
⑤ 머리가 개운치 못하고 지끈지끈 아플 때나 소화가 안 되어 더부룩할 때도 약을 먹지 않고 가볍게 땀이 날 정도로 달려 몸을 풀고 나면 기분전환이 되고 머리가 맑아지는 것을 몸소 체험할 수 있다.

운동을 안하면 온 몸이 쑤시고 아파오는 느낌이라 중독성에 가깝다. 따라서 어느 운동보다 접근하기 쉽고 효율성이 높아 삶의 질을 높여주는 운동이 바로 달리기다. 그래서 매일같이 달려나 간다.

육체적으로 주는 효과성은?
① 달리기는 다른 운동과 달리 전신운동이다. 모든 신체 부위와 오장육부를 흔들어주므로, 전신을 강하게 움직여야 하는 운동이다. 특별한 신체 부위를 강화하거나 발달시키지 않고 전신에 영향을 준다.
② 달리기는 유산소운동으로 심폐지구력 강화 및 혈류량이 많아져 순환기 계통의 흐름을 좋게 한다. 달리기를 한 뒤로 혈

압이 정상치가 되었으며, 동맥경화와 고지혈증 같은 성인병 증세가 아직 나타나지 않는다.

③ 달리기는 에너지 소모량이 많아 체중 조절에 큰 도움을 준다. 체지방은 운동 중 땀이 나기 시작하면서부터 분해된다고 한다. 달리기는 절식과는 달리 체지방을 분해하면서 노폐물도 배출하여 체중 조절에 큰 효과가 있는 운동이다. 〈생로병사의 비밀〉 자료에 의하면 시간당 열량소모량이 가장 높은 운동으로 나타났다. 달리기 > 자전거 > 수영 > 걷기 순이다.

④ 달리기는 근육 대사량이 증진될 뿐 아니라 뼈와 관절이 튼튼해진다. 나는 마라톤을 지속적으로 하기 전 허리디스크 증세로 치료를 받았는데 그런 증세가 없어졌다. 작년도 조선일보 춘천마라톤대회에 참가 시 우연히 89세 할아버지 마라토너를 만났다. 그때 대화를 하다가 그분의 종아리를 만져보았다. 만지는 순간 정말 깜짝 놀랐다. 무쇠 덩어리를 만지는 느낌이었다. "평소 마라톤을 어떻게 하시나요?" 여쭈니 "음, 나는 일 년에 369일은 뛰어!"라고 하시며 "여지까지 병원이라는 곳은 모르고 살아!"라 하셨다. 그 말씀이 잊혀지지 않는다. 골다공증환자에게도 적정 수준의 마라톤을 지속적으로 하도록 한 결과 치료 효과가 나타난 연구 결과가 보도되었다.

⑤ 일본 자연 의학계의 명인 이시하라 유미는 "체온이 1도 떨어지면 면역력이 30% 정도 약해지고, 체온이 1도 올라가면 백혈구의 증가로 면역력이 5~6배 높아진다."고 하며 체온을

간단히 높이는 방법으로 걷기와 근육운동을 권하고 있다.
⑥ 그 외에도 노화 방지를 비롯한 탄력 있고 멋진 몸매 가꾸기에 효과가 있다.

홍혜걸 의학전문 기자는 지구상에 존재하는 병 1만 2,420개 중 가장 두렵고 잔인한 병이 심혈관 질환이라고 하며, 우리나라 인구의 년 약 6만 명 정도가 뇌졸중 및 심장질환으로 사망하거나 관련 질환에 시달린다고 한다. 혈류의 흐름을 좋게 하고 혈관을 맑고 깨끗하게 하기 위해서는 식품이나 약보다는 걷기를 적극 권장하고 있다. 그러므로 걷기는 하루에 8,000보 이상 장시간(30분 이상)을 저 강도(20~50% VO2max)*로 때와 장소를 가리지 않고 걷기를 권장하고 있다. 동의보감에서도 "약보藥補보다 식보食補요, 식보보다 행보行補다."라고 했다. 그러나 걷기보다는 달리기가 운동의 효율성이 2~3배 높다고 한다.

정신적으로 주는 효과성은?

육체적인 효과성보다 눈에 보이지 않지만 달리기가 정신적으로 주는 효과는 지대하다. 정신적인 효과와 변화를 살펴보면 다음과 같다.

---

* VO2max: 산소가 소모되는 양을 말한다.

① 달리기는 목표지향적인 운동이다. 자기 체력에 맞는 목표지점을 설정해두고 오랜 시간 자기와의 어려운 싸움에서 성취감을 기쁨으로 승화시키는 운동이다. 세네카는 "자신을 극복할 수 있는 힘을 가진 사람이 가장 강한 사람이다." 또 "가장 강한 사람은 스스로를 통제할 수 있는 사람이다."라고 했다. 인생의 비극은 목표에 도달하지 못한 것이 아니라 인내심을 가지고 도달하려는 목표지점이 없는 것이라 하는데, 목표지점에 도달하지 못하고 중도에 포기했을 때 더 상실감이 크기 때문에 많은 사람이 기어코 목표지점을 향하여 뛰고 있다.

② 달리기는 대표적인 유산소운동이다. 따라서 임상실험 결과 산소공급량이 많아져 뇌 혈류량 증가로 뇌 신경세포를 자극시켜 정신과 치료까지 효과가 있는 것으로 나타났다. 실제로 『운동화를 신은 뇌』의 저자 하버드대학교 임상정신과 존 레이터 교수에 의하면 달릴 때 분비되는 엔도르핀, 엔도 칸나비노이드라는 호르몬은 기분을 좋게 하고 통증 반응을 억제해서 우울증 상태를 완화시키고, 덴마크 연구팀이 30년간 추적 연구한 끝에 지속적으로 달리기를 한 사람들은 알츠하이머 발병률이 50%나 줄었다는 결과가 발표되었다.* 나의 경험으로는 오래전부터 쥐가 자주 나 생활에 불편이 있었는데, 달리기를 지속적으로 한 결과 어느새 모르게 없어졌다. 아마도

---

* '백세 시대 거북이처럼 달리자', KBS 1TV 〈생로병사의 비밀〉, 2016년 4월 27일 방송 참고.

뇌 신경세포가 활성화되어 저절로 치료되지 않았나 추측해 본다.

③ 운동을 하면 기억력과 사고력이 강화된다. 일리노이대 아서 크레이머 박사(2010년)의 연구에 의하면 유산소운동 그룹이 기억력테스트에서 15~20% 향상되었다고 발표된 바 있다. 이시하라 유미는 "뇌의 중추인 해마의 혈액 순환이 좋아져 기억력이 높아지고, 치매 예방에도 큰 도움이 된다."고 했다.

④ EBS 교육방송 〈우리 학교가 달라졌어요〉 운동프로그램을 통해 학생들이 생활 태도 및 성적향상에도 큰 도움을 준다는 보도가 있듯 자신감과 지구력이 생기고 사고력도 향상된다.

⑤ 마지막으로 달리기는 정직한 운동이다. 마라톤에서 흔히 "우리 심장은 뛴 거리를 기억하고 있다."라고 한다. 과정을 제대로 밟지 못하고 달리기에 임하면 중도에 포기하는 운동이므로 성실성과 꾸준함을 함께 가져다주는 운동이다.

달리기는 어떻게 시작하느냐? 방법은?

처음 시작하려는 사람은 걸어서 42.195km를 가기가 어렵다고 흔히 말한다. 경험하지 못했기 때문에 도전에 대한 두려움이 있다. 두 다리만 건강하면 할 수 있는 운동이 달리기다. 따라서 자신감을 갖고 도전하면 남녀노소 누구나 즐길 수 있는 운동이다.

① 뛰는 거리를 점차적으로 늘려나가야 한다. 속담에 "뱁새가

황새를 따라가면 다리가 찢어진다."라는 말이 있다. 우선 뱁새 다리로 차츰 거리와 속도를 늘려나가야 한다. 처음에는 2~3km 걷고 뛰다가 차츰 거리를 늘려가며 최소 6주간 주 5일 이상 지속적으로 해나가야 한다.

② 리스크가 있을 수 있으니 가능하면 먼저 시작한 사람이나 전문가의 컨설팅을 받을 필요가 있다.

③ 준비운동, 주운동, 정리운동의 과정을 반드시 거쳐야 한다. 준비운동으로는 관절과 근육과 허리 등을 충분히 풀어주고 정리운동으로 뭉쳐진 근육을 풀어주어야 몸에 무리가 가지 않는다.

달리기할 때 유의점은?

① 토끼처럼 달리지 말고 거북이처럼 달린다.
② 심장 압박감과 심한 통증이나 호흡에 곤란을 느낄 때는 중단하는 것이 좋다.
③ 두통이나 어지러움을 느낄 때는 중단하는 것이 좋다.
④ 전날 과음을 하였을 때는 달리지 않는 것이 좋다.
⑤ 달리기 후 지친 몸으로 바로 눕는 것을 피해야 한다.

    백세 시대 건강 수명을 늘리기 위해서는 유전자보다는 발과 운동화가 당신의 수명을 결정하는 강력한 도구라는 것을 기억해야 한다. 건강하게 살려면 우유를 먹는 사람보다 우유를 배달하는 사람이 되라고 권한다. 새들은 어디론가 날고 있으며, 물고기는 먹이를 향해 헤엄쳐나가고, 사람은 목표를 향해 오늘도 내일도 달려나간다.

담집에서 시작된 잔잔한 울림 가르침의 길

초판 1쇄 2017년 12월 18일
초판 2쇄 2018년 12월 18일

글 쓴 이 이동권
펴 낸 이 주혜숙

펴 낸 곳 포이즌
등   록 2007년 7월 4일 제2013-000095호
주   소 03996 서울시 마포구 월드컵로 100 한산빌딩 4층
전   화 02-725-8806
팩   스 02-725-8801
전자우편 jhs8807@hanmail.net

ISBN   978-89-959880-8-4 03800

- 책값은 뒤표지에 있습니다. 잘못된 책은 바꾸어 드립니다.
- 이 도서의 국립중앙도서관 출판예정도서목록(CIP)은 서지정보유통지원시스템 홈페이지 (http://seoji.nl.go.kr)와 국가자료공동목록시스템(http://www.nl.go.kr/kolisnet)에서 이용하실 수 있습니다.(CIP제어번호: CIP2017033328)